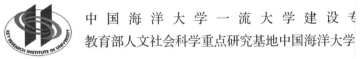
中国海洋大学一流大学建设专
教育部人文社会科学重点研究基地中国海洋大学

U0459801

基于价值形成过程的海洋
渔业企业营销能力培育研究

花昭红 ／著

中国财经出版传媒集团
经济科学出版社
Economic Science Press

图书在版编目（CIP）数据

基于价值形成过程的海洋渔业企业营销能力培育研究/
花昭红著 . —北京：经济科学出版社，2016.12
ISBN 978 - 7 - 5141 - 7700 - 8

Ⅰ.①基… Ⅱ.①花… Ⅲ.①海洋渔业 - 企业管理 -
市场营销 - 研究 - 中国 Ⅳ.①F326.45

中国版本图书馆 CIP 数据核字（2016）第 324663 号

责任编辑：王 娟
责任校对：王肖楠
责任印制：邱 天

基于价值形成过程的海洋渔业企业营销能力培育研究
花昭红 著
经济科学出版社出版、发行 新华书店经销
社址：北京市海淀区阜成路甲 28 号 邮编：100142
总编部电话：010 - 88191217 发行部电话：010 - 88191522
网址：www.esp.com.cn
电子邮件：esp@ esp.com.cn
天猫网店：经济科学出版社旗舰店
网址：http://jjkxcbs.tmall.com
北京季蜂印刷有限公司印装
710 × 1000 16 开 11.5 印张 210000 字
2017 年 5 月第 1 版 2017 年 5 月第 1 次印刷
ISBN 978 - 7 - 5141 - 7700 - 8 定价：48.00 元
（图书出现印装问题，本社负责调换。电话：010 - 88191510）
（版权所有 侵权必究 举报电话：010 - 88191586
电子邮箱：dbts@ esp.com.cn）

前　言

　　"基于价值形成过程的海洋渔业企业营销能力培育研究"是山东省"企业管理基地重点项目"之一，曾获得中国海洋大学管理学院2014~2015年度"510工程"① 的资助项目。中国海洋大学管理学院近年来十分重视中青年教师的科研工作，特别是对一些缺乏资金支持的基础理论研究项目给予重点扶持，通过设立"510工程"、"310工程"②、"英才计划"③ 等对青年教师的科研工作在时间、科研资金等方面予以充分保证。这些资助项目在很大程度上激发了教师从事科研的积极性，并由此取得了良好的科研成效，呈现出了一批优秀的科研成果。虽然基础理论研究的研究周期相对比较长，科研成果在短时间内的社会成效不显著，但基础理论研究对应用性研究起着理论支撑作用，基础理论研究也是应用研究的前提和出发点，这也是中国海洋大学管理学院着力加强基础理论研究的初衷，并借此推进科研水平的全面提高。本书的研究课题属于基础理论研究，同时体现了海洋研究特色，是建立"海洋特色"研究型大学关注的重点基础理论课题。作为基础理论研究，重点是发现外在现象存在的基本原理，揭示现象产生的本质，并总结事物发展的基本规律。因此，基础理论研究关注的是现象背后的本质，并从本质出发，遵循客观事物的发展规律采取措施以促进其健康发展。本书的研究目的，也是对海洋渔业企业营销能力培育的内在本质进行探索，以发现营销能力培育过程中的原理以及规律，

---

　　① "510工程"是中国海洋大学管理学院设立的科研资助项目之一，主要用于资助中青年教师的基础性科研项目。

　　② "310工程"是中国海洋大学管理学院设立的科研奖励项目之一，主要对中青年教师在高水平学术期刊上发表的科研论文进行奖励。

　　③ "英才计划"是中国海洋大学管理学院专门为青年教师设立的科研资助项目，主要是对有科研潜力的青年教师的基础研究进行较长周期资助。

更好地促进我国海洋产业的全面发展。

进入 21 世纪以来，实施蓝色海洋战略已经被正式提上我国发展的议事日程。党的十八大更是将"海洋强国"战略作为实现民族复兴的必然选择，促进国民经济持续发展的必由之路，也是进一步保障我国海洋权益的迫切需要。"海洋强国"战略的落地，必然与海洋产业的发展水平紧密相关。海洋渔业产业作为我国海洋产业的重要组成部分，其发展状况不仅直接影响海洋产业的整体水平，对海洋产业结构合理化起着举足轻重的作用，而且海洋渔业对于开发新的食品资源来源、促进国家粮食安全等也起着同样重要的作用。因此，如何快速促进我国海洋渔业企业的发展，是落实国家"海洋强国"战略的关键问题。特别是在急剧变化的市场环境下，如何培育并提高我国海洋企业的营销能力则成为落实国家海洋战略的重中之重。

企业营销能力研究是最近几年国内外营销理论研究的热点问题之一。美国市场营销学会在确定 2010～2012 年的主要研究课题时，就将顾客导向的营销能力理论研究作为重点课题。近年来，中国营销学界也对营销能力理论进行了多视角、多层次的深入探讨，并取得了丰硕的研究成果。但是，目前的研究更多地停留在一般意义上的理论讨论和现象表面，对基于价值形成过程这一本质的海洋渔业企业营销能力研究则比较少见。为填补这一理论研究空白，笔者选择了这一课题，其意义主要在于：第一，进一步完善现有的营销能力理论框架。从价值形成的过程和主要环节来研究海洋渔业企业营销能力的培育，可以加强企业营销活动和最终市场需求的衔接程度，保证供需平衡，从更多的资源以及资源组合使用中寻求营销能力培育的途径，避免资源浪费和营销的低效率。第二，提高理论对海洋渔业企业营销能力培育的针对性。产业链从其实质来看，它同时也包含一个或多个价值链；而构成价值链的，包含企业价值、顾客价值及其他利益相关者价值；不论哪一种价值，都是在这个价值链中逐步形成、传递和增值的；价值形成的不同环节，也决定了相应营销能力培育和提高的途径差异性。企业价值、顾客价值及其他利益相关者价值不是绝对割裂的，而是相互依存、共生共存的。鉴于此，本书不再把企业价值、顾客价值及其他利益相关者价值仅仅视为价值形成的不同结果，而是把它们看作是一个持续的价值生成过程，也就是共创价值模式，并将营销能力的培育和提升建立在这个共创价值模式下的价值形成过程之上，使营销能力的培育具有更大的可操作性和现实意义。此外，在研究中，笔者从海洋渔业产业链出发，分析产业链不同环节中价值形成的过程，探索海洋渔业企业的营销能力培育手段和方法，对于提升我国海洋产业国际竞争力也有一定的借鉴意义。

围绕基于价值形成过程的海洋渔业企业营销能力培育这个课题，本书主要从以下几个方面进行理论探讨：首先，运用价值构成要素概念模型，对海洋渔业企业产品和服务的价值构成进行了分析，强调了海洋渔业企业价值构成的同一性和异质性，进而对海洋渔业企业的价值形成过程进行了深入剖析，指出价值形成的关键环节。然后，利用价值链分析，对海洋渔业企业价值形成的关键环节及存在的问题进行分析，以期为后面基于价值形成过程的营销能力培育，寻找新的途径和方法。其次，根据我国海洋渔业企业营销现状，分析海洋渔业企业营销能力的来源及其形成过程，对营销能力培育过程中存在的主要问题，包括营销能力培育主体不明确、培育途径比较单一、培育过程缺乏主动性和方向性等进行分析，并进一步从观念、企业间合作、学习能力等几方面论述营销能力培育中存在问题的若干原因。再其次，课题从价值形成过程及营销能力培育之间的关系入手，分析两者之间的联系和区别，提出以资源和资源组合使用为基础的价值形成过程是营销能力形成的内在条件是本质；而营销能力则是价值形成过程及结果的外在的市场表现是现象。同时，对几种主要营销能力的价值形成过程进行探析，并提出海洋渔业企业基于价值形成过程的营销能力培育途径进行阐释。本书从政府政策、海洋渔业资源、客户关系管理、海洋渔业知识平台建设等方面提出了基于价值形成过程的海洋渔业企业营销能力提升措施。最后，课题提出了在全球化背景下，如何从全球价值网链出发，寻找营销能力培育及提升的最佳契机，从而提高中国海洋渔业企业的综合国际竞争力。

比照以前的营销能力研究，基于价值形成过程的海洋渔业企业营销能力培育研究的创新点在于：（1）从价值形成过程来探讨海洋渔业企业营销能力的培育与提升，拓展了营销能力培育的视野和途径。营销能力的培育不仅仅是海洋渔业企业内部、企业自身的问题，而是在企业、顾客共同参与价值创造、传递过程中培育的能力。企业与顾客对价值理解的一致性、共创价值的程度等，决定了营销能力能否得以培育及提升。(2) 营销能力作为海洋渔业企业市场表现水准的外在体现，其基础和前提是价值的形成过程。以资源和资源组合使用为基础的不同价值内容的形成过程是构成不同营销能力的内在前提。如果没有有效的价值形成过程，就没有符合市场需求的产品和服务；没有符合市场需求的产品和服务，就不可能有顾客的购买和支持；而没有顾客的购买和支持，企业营销能力的培育与提升就无从谈起。(3) 从价值形成过程来分析海洋渔业企业不同营销能力培育，使得营销能力的培育更有针对性，营销能力的培育途径具有更广泛的适用性。本书提出了一系列新的观点，以期对基于价值形成过程的海洋渔业企业营销能力培育与提升提供具体的、有针对性的理论决策依据。

本书由于研究时间比较短，研究深度还有待加强，所得到的结论还需要实证研究的验证。在后续工作中，笔者将继续探索基于价值形成过程的海洋渔业企业营销能力培育理论架构的合理性，并对选择的案例企业进行跟踪研究，在夯实基础理论研究的同时，进一步增强理论的科学性和实践指导的针对性。

目　　录

第 1 章 导　　言

改革开放以来，随着国民经济的快速发展，我国海洋渔业企业整体实力已经得到了很大提高，在创造就业机会、增加国民产值等方面做出了巨大贡献。但是，中国企业的市场化运作毕竟只有短短三十多年的时间，还存在许多不足之处，特别是营销能力水平低，营销能力培育方面非常欠缺。海洋渔业企业是 21世纪中国蓝色海洋战略的实施主体之一，其营销能力的高低，直接决定蓝色海洋战略能否顺利实现。然而，与发达国家海洋渔业企业以及国内其他产业部门相比，我国海洋渔业企业在国民经济体系中仍然处于相对比较弱的地位；如何培育海洋渔业企业的营销能力是我国发展海洋经济的重要课题，这也是本书要探讨和解决的主要问题。

1.1　研究背景和意义

营销能力水平的高低，决定企业在市场上的生存、发展，也决定着企业能否适应环境的变化，获得可持续发展的机会，对海洋渔业企业也是如此。因此，提高营销能力是海洋渔业企业争取市场生存发展机会的重要方式。关于营销能力的研究由来已久，但是"营销能力"作为一个专业术语，是理论界和实业界对营销的认识不断深入的基础上才出现的。

1.1.1　研究背景

关于营销能力的理论研究，主要是进一步澄清营销的地位、作用，以及营销对企业经济活动顺利实现的促进程度和贡献大小；此外，还要利用相关理论来分析如何促进企业营销能力的培育和提升。研究海洋渔业企业营销能力的培育问题，主要是基于以下几个方面的考虑：

首先，是实现海洋渔业企业可持续发展的必然要求。中国海洋渔业企业引入市场营销的理念和做法尽管已经二十多年了，但是在实际操作中仍然存在过于重视短期利益的观念和做法，部门分割严重，缺乏长远的战略规划和战略选择。实际上，从所涉及的企业经济活动来看，营销不应该仅仅限于流通环节，也不应该是单个企业的单兵作战；营销活动应该是牵涉整个产业的多个企业、多个部门的密切合作。因此，营销活动是一个系统过程。要保证这个过程的顺利进行，海洋渔业企业就要统筹考虑市场需求、产品或服务的设计、原材料采购、生产制造、物流运输、销售服务、市场反馈等一系列环节，使营销活动始终围绕目标顾客有序进行。同样，把营销作为一个系统的过程考虑，一方面避免了无序竞争和资源浪费，为海洋渔业企业营造了良性循环的经营环境；另一方面，也使海洋渔业企业可以真正认清营销的本质，站在战略高度利用好各种资源来培育营销能力，有效满足目标市场的需求，并实现企业可持续发展的长远目标。这样，企业才会科学合理地进行长远规划，将营销能力的培育纳入日常工作。

其次，是从新的视角进行营销能力研究的必然选择。目前，关于营销能力的研究虽然很多，但是在营销能力的含义、来源、构成、培育途径等方面，还缺乏有说服力的理论研究成果。从不同层面出发的营销能力理论研究，包括战略层面、业务单元层面、职能和操作层面的研究[①]，同时，目前的研究非常零散，营销能力理论存在不系统、不完整等缺陷。例如，现有的企业战略层面的营销能力研究，主要是通过战略调整、企业文化建设等来增强企业对内外环境的战略适应性，但在该类研究中，战略目标，尤其是营销目标不清晰，战略调整的方向不明确，对企业市场营销活动的指导作用不显著。业务单元层面的营销能力研究，通常把营销能力等同于企业的竞争能力或者是管理能力，提倡利用企业的独特资源或者是资源的组合来获得营销能力（希特，2003），认为培育营销能力就是培育企业市场竞争力和提高管理水平。企业竞争力和管理水平往往是针对一个企业而言，而营销能力却是超越企业边界的，因而这一研究存在着以偏概全的问题。还有一类研究是从营销的职能和操作层面来研究营销能力，显然也存在过于注重营销基本技能和经验，而忽视营销整体系统能力的问题。鉴于此，我们对营销能力的研究必须要从营销活动贯穿的整个产业链出发，考虑营销能力培育的本质，考察产业链的价值形成过程和营销能力的关联性，才能保证营销能力的研究更具有科学性和可操作性。要想改变海洋渔业企业的战略弱

---

① 宋志娟，企业营销能力简析，Journal of Yunnan Finance and Economics University, Vol. 3, No. 5, 2015：106 – 108.

势地位，必须从整个产业链的价值形成过程来考虑营销能力的培育，才能拓宽营销能力培育的思路。

最后，是顾客战略地位凸显的必然要求。海洋渔业企业经营的最终目标是实现企业、股东、社会、顾客等利益相关者的价值最大化，从而保证企业的长期发展。其中，顾客是企业战略成功的基石[①]。海洋渔业企业也只有为顾客创造、传递了顾客价值，才能顺利实现产品或服务的销售，从而获得利润为其他利益相关者进行利益分成。如果没有顾客价值的创造、传递，以及顾客对这些价值的认可和购买行为，海洋渔业企业也就失去了生存的必要性，企业价值也就失去了赖以存在的前提和基础。具有较高营销能力的企业，在营销活动中，不仅要弥合商品或服务在时间、空间等方面的供需缺口，实现价值的顺利传递，保持企业的利润源泉，而且在这一过程中，还要因为提供了便利性、愉悦感、心理归属感等而实现顾客价值的持续增值。所以从本质上看，营销能力实际上就是在整个产业链中，企业通过营销活动来创造、增加、传递、实现企业价值和顾客价值的综合能力。营销能力的培育研究，只有在考虑到顾客战略重要性的前提下，才具有实际意义。海洋渔业企业营销能力的培育，也不仅要进一步弥合供需之间的时间、空间缺口，而且还要发挥营销活动的增值能力，保证价值形成过程的持续增加，实现企业、顾客及其他利益相关者的多赢目标。

因此，从价值形成过程这一视角来研究海洋渔业企业营销能力的培育，一方面，可以帮助我们透过现象认识事物的本质，进一步完善营销能力培育的理论体系；另一方面，由于更好地揭示了营销能力培育的规律和原理，对海洋渔业企业的市场运作更具有现实的指导作用。

1.1.2　研究意义

本书的研究意义主要表现在两个方面：

一方面，有利于现有营销能力理论框架的完善。现有营销能力理论更多的是站在企业角度来进行理论探讨，以企业的市场表现来判断其营销水平的高低，认为营销能力来源于企业内部的资源和能力。这一观点采用企业视角，忽视了营销能力的本质及顾客基础，具有很大的局限性。相反，站在企业、顾客双向视角，即共创价值视角，从价值形成的过程和主要环节来研究营销能力的培育，可以加强企业营销活动和最终市场需求的衔接程度，保证供需平衡，从更多的资源以及资源组合中寻求营销能力培育的途径，避免资源浪费和营销的低效率。说到底，

---

① 迈克尔·A·希特等著：《战略管理》，机械工业出版社2003年版。

企业营销能力的高低最终取决于市场对企业产品或服务的接受程度。另外，换一个角度进行理论探讨，更有利于发现事实，认识事物全貌，所谓："横看成岭侧成峰，远近高低各不同。"通过过程研究，可以进一步完善营销领域的价值理论研究体系，分析一般意义上的价值构成要素以及价值形成过程，巩固企业营销能力提升的理论支持，使基于企业内部资源、管理的营销能力（主要是竞争能力）培育与提升，转变成基于整个价值生成过程各关键环节的营销能力的培育与提升。

另一方面，完善的理论可以有针对性地指导企业营销能力的培育。产业链同时也是一个或多个价值链，价值包含企业价值、顾客价值及其他利益相关者价值；不论哪一种价值，都是在这个价值链中逐步形成、传递和增值的；价值形成的不同环节，也决定了相应营销能力培育和提高的途径差异性。该研究尝试突破目前针对特定产品、服务的价值理论的局限性，不再把企业价值、顾客价值及其他利益相关者价值仅仅视为价值生成的不同结果，而是把企业价值、顾客价值及其他利益相关者价值都看作是一个持续的价值生成过程，并将营销能力的培育和提升建立在共创价值模式下价值形成过程基础之上，使营销增值能力的培育具有更大的可操作性和现实意义。企业价值、顾客价值及其他利益相关者价值不是绝对割裂的，而是相互依存、共生共存的。鉴于此，后面我们提到的价值，不再特指某一种价值，而是共创价值，除非特别说明。同时，在研究中，我们从海洋渔业产业链出发，分析产业链不同环节中价值形成的过程，探索海洋渔业企业的营销能力培育手段和方法，对于提升我国海洋产业国际竞争力也有一定的借鉴意义。

因此，本书针对原有研究的不足和缺陷，力图从理论和实践两个方面进行具体分析，具有深入研究的价值。

1.2 国内外研究现状

营销能力是近年来出现在国内期刊的一个学术术语，一般被认为是企业能力的一个子能力。从战略管理角度看，企业能力是在企业内部资源以及不同组合方式基础上产生的，企业能力通常是企业在不同的功能性领域中得到发展的能力。营销能力属于企业在市场营销这一功能性领域中得到发展的能力（希特，2003），从本质上看，它也是企业能力的内容之一。在国外的研究中，对营销能力的研究比较分散，存在多种近似的说法，翻译也有区别，如存在"营销能力"（Market-ing Capabilities）、"营销实力"（Marketing Power）或"营销营利性"（Marketing

Profitability）等说法，和中国国内理论界谈到的"营销能力"存在一定程度的交叉性。为了研究的便利性，并整合国内外的各种研究成果，我们所讲的营销能力即"Marketing Capabilities"。与营销能力理论相关的研究包括营销效率、营销效用等，其中关于营销能力本身的讨论比较多。在下面关于营销能力的分析，也包括类似的研究在内。

1.2.1 国内研究现状

国内关于营销以及营销能力的认识和研究经历了一个快速转变的过程。前期，主要是对西方营销理论的全面吸收和借鉴；随后，开始考虑中国的具体国情来探讨企业的营销以及营销能力。目前，营销能力的研究主要集中在营销能力的类型、来源、与企业创新发展等方面的关联性。因此，我们可以把国内关于营销及营销能力的认识和研究大致分为三个阶段：

（1）将营销能力等同于销售能力。从改革开放至20世纪90年代初期，属于营销理论的全面引入与借鉴阶段。我国学术界开始积极学习西方国家的企业管理理论，其中就包括营销理论的引进和学习。具体表现为各个高校开始开设营销课程和专业，学术界开始翻译、撰写营销方面的教材、文章和专著。这个阶段，并没有营销和营销能力的区别和界定，一般把营销等同于销售技能，营销能力实际上就是销售能力。特别是20世纪90年代中后期，在经历了漫长的短缺经济之后，中国市场越来越多的产品或服务第一次出现了供过于求的局面，销售能力决定企业存亡。因而，营销能力和销售能力往往被混为一谈，营销能力被作为一种企业操作层面的职能。

（2）营销能力等同于企业管理能力。20世纪90年代初期至90年代末期，属于企业管理理论、营销理论引进和创新研究结合阶段。随着国际之间学术交流的增多，国内学术氛围日益浓厚，以及国有企业改革步伐的加快，越来越多新的营销理论陆续被引进。经营环境的变化，使中国企业面临前所未有的市场压力，如何提高企业管理水平和管理能力，增强市场适应能力就成为企业的当务之急。例如，绿色营销和社会营销理论引入之后，研究者和中国业界开始思考企业营销与顾客、公众以及社会利益的均衡问题，因此，营销能力体现在企业对营销活动方向的调整，以及对市场的把握和环境的适应方面。企业形象识别系统理论（CIS）引入后，研究者们和业界考虑的是如何通过营销策划和规范管理，来提高企业在市场上的区分度和独特性，以实现企业脱颖而出的效果，同时赢得顾客的认可和接受。而全面质量管理、成本核算、内部营销等管理思想和方法的引进，则使各界考虑通过企业内部流程再造和有效的人力资源管理措施来降低成本、费用，提高营销的效率。因此，这一阶段，营销能力往往等同于企业的管理能力，包括流程管理、人力资源管理、营销策划和实施的管理等方面。从研究的内容及其本质来看，这一阶段对营销能力的研究还是局限在企业层面，把营销能力界定为一个企业可以掌控的能力之一。

（3）营销能力是一种综合性的全面能力。随着营销理论研究的成熟，研究者们对营销的认识已经超出了企业的边界，营销成为系统过程，营销能力成为一种综合性的全面能力。因为，作为一个系统过程的营销活动，贯穿企业经济活动始终，正如莱维特（1966）所说的营销活动是从市场到市场，即营销活动从研究市场、了解市场出发，到满足市场需求、获得市场反馈，进行下一次营销策划、营销行为的修正，是一个周而复始、循环进行的系统过程。营销能力体现在企业在自己所选择的市场上，通过市场反馈的信息对各种营销活动的不断修正以实现战略的适应性（郭国庆，1995）。因此，单独从操作层面或者是单独一个企业层面来探讨营销能力是远远不够的，企业只有从战略、策略的不同角度出发，才能获得对营销能力的全面认识。国内其他学者还从产业链、市场链（张莉，2008；权锡鉴，2012）出发来分析企业营销规划和营销活动的安排，反映了对营销能力理论研究的不断深入。

从以上分析可以看出，国内关于营销能力理论的研究越来越深入，越来越系统，营销能力理论对企业市场营销活动的指导越来越具有针对性。这也反映了国内营销理论研究达到了一个新的高度。

1.2.2　国外研究现状

营销能力在国外的研究，从初期限于基本操作层面和企业内部，日益趋向于多元化探讨。营销理论发源于美国，成长、成熟于美国、西欧等发达国家。在营销理论演进过程中，营销能力的内涵和范畴也不断得到扩展和丰富，并为企业培育、提高营销能力的操作方面提供了很多可行性方案。具体来看，国外关于营销能力的研究，可以从以下几个角度反映出来：

（1）与传统营销观念相关的营销能力。传统营销观念包括生产观念、产品观念和推销观念，流行于20世纪初至50年代的美国等发达国家。这个阶段，营销理论主要关注"如何卖"的问题，尤其是20世纪20年代末至30年代席卷全球的经济大危机，众多企业因为供过于求而面临销售困境，推销观念盛行一时，如何使顾客打开钱袋子成为销售人员的当务之急。当时的营销假设是：消费者都具有持币偏好，因此在购买行为上表现为一定程度的购买惰性。如果企业不采取有力的推销活动进行诱导，消费者就不会购买或者不会足量购买。因此，推销的力度和效果决定营销的成败。在相当长的一段时间，与传统的推销观念密切相关的营销能力，一般都被认为是推销能力或者是销售能力。然而，成熟市场①的出现，消费者的购买趋向于越来越理性化，往往根据自己的需求而不是外在的推销力度来采取购买行为。在这种情况下，企业的营销能力到底体现在哪些方面，如何提高营销能力，就成为各方思考的新课题。

（2）与营销策略理论密切相关的营销能力。营销策略理论包括了从4Ps、4Cs、4Rs等的演进，而营销能力理论的内容也随之发生了根本改变。从20世纪50年代到21世纪初，营销组合策略理论一直是市场营销理论体系的核心之一，而企业营销能力的高低也与此密切相关。经典的4Ps理论（McCathy，1960）的提出，确立了管理导向的营销理论思想体系。它使人们在纷繁复杂的营销要素中抓住了关键要素，将企业营销活动整合为一个脉络分明的系统，营销能力就是企业为了促进和诱导顾客购买而采取的产品（product）、价格（price）、渠道（place）、促销（promotion）等要素的有效组合能力。因此，4Ps在营销学界又被称之为"可控要素"（与之对应的环境要素被称之为"不可控要素"）。4Ps理论的影响如此之大，以至于很长一段时间研究者们的关注焦点都集中在这几个营销要素上。4Cs理论（劳特朋，1990）把企业营销活动的思路从企业内部转变为企业外部，认为所有营销活动都应该围绕目标顾客来展开，产品要为顾客（customer）量身定制，价格的制定要能为顾客节约成本（cost），渠道的选择能为顾客提供便利性（conveniences），促销的开展能与顾客进行有效沟通（communication）。因此，4Cs理论认为营销活动的所有目标是顾客满意，营销能力就是企业使顾客满意的能力。4Cs理论第一次对4Ps理论提出挑战性，并用新的视角看待营销活动。4Rs理论（舒尔茨，2001）认为营销的重点是顾客关系，它利用数据库营销来挖掘、使用顾客信息，建立与目标顾客的关系，通过与顾客的互动不断强化这种关系，并保持营销活动的持续性和有效性。因此，4Rs理论认为营销活动的所有目标是建立关系，营销能力就是企业建立并维持与目标顾客关系的能力。信息技术和互联网的广泛普及，企业与顾客的独特关系成为竞争优势的来源之一，也是企业异常重视的营销能力。

（3）与营销环境相关的营销能力。很多研究者认为，对营销能力的分析应该考虑企业所处的经营环境的改变。任何一种营销能力，最终都反映在对市场环境的适应性上。希特（2003）认为，企业能力是在不确定的市场环境中，企业利用内部的资源、能力或者是两者组合为自身创造一种独特的市场地位，获

---

① ［日］武田哲男：《如何提高顾客满意度》，东方出版社2004年版，第30页。

得一种实际有利的竞争地位的能力。可见，这种企业能力最终表现为市场机会的营销能力。里德尔等人（2005）则认为，在网络环境中，消费者面临众多选择。为了节约成本，并保证顾客选择的准确性、便捷性，企业营销能力则表现为一种群筛选能力。通过网络平台以及搜索引擎而产生的企业及产品或服务的排名顺序，反映了群体筛选的结果，也是企业营销能力水平的外在体现。因为，这种群体筛选往往是企业营销活动施加影响的结果。戴伊（Day, 2010）认为企业在复杂的市场环境中识别顾客需求的能力，并且与顾客建立关系的能力都是营销能力。

1.3 研究内容与方法

1.3.1 研究内容

本研究属于基础性理论研究。为了对基于价值形成过程的中国海洋渔业企业营销能力的培育有一个全面系统的认识，在对现有理论研究做了梳理之后，本研究主要从以下几个方面进行了理论探讨：

（1）顾客价值、企业价值及其价值形成过程理论。顾客价值理论主要从顾客视角分析顾客价值内涵、构成要素以及顾客价值管理理论。企业价值理论主要分析企业价值的内涵、构成要素等。价值形成过程理论，我们主要从企业、顾客双向视角探讨以产品或服务为载体的价值内容及形成过程。因为，从一般意义上来看，顾客价值、企业价值是不同研究视角的两个概念，其价值内容具有一定的共性，即：对于不同的顾客而言，不同产品或服务具有相同或类似的顾客价值构成要素或内容；对于企业而言，不同产品或服务也应该具有相同或类似的价值内容才能为顾客所接受，从而实现企业价值目标。产品或服务从一个概念或创意到最终成品的形成，需要经过漫长的产业链。在这个过程中，价值的形成和实现也是一个企业、顾客等多方共同投入、共同努力的过程。因此，本部分将从价值形成过程分析入手，探讨价值的基本内容以及形成过程，以求全面把握价值形成的过程和关键环节，为企业营销能力的培育奠定理论基础。

（2）营销能力及其培育途径。真正的营销活动必须要考虑顾客导向，打通生产企业和最终顾客的沟通渠道。营销能力的培育也不再限于传统的市场消费领域，而是贯穿产业链的始终。从产业链的构成、运作出发，来研究能够增强顾客对产品或服务接受程度的营销能力的构成，以及营销能力的培育途径。针对我国具体情况，本研究对海洋渔业企业的营销能力来源和形成过程进行了分析，并探讨了营销能力培育中存在的问题及原因，以期为中国海洋渔业企业营销能力的培育和提高寻找有效的途径。

（3）基于价值形成过程的中国海洋渔业企业营销能力培育途径。企业市场营销活动要在满足顾客价值追求的同时，实现企业以及利益相关者的价值目标。因此，顾客生成是一个系统过程，从产品/服务设计开始，一直到产品/服务进入最终顾客的生活消费中。基于顾客价值形成的营销能力培育实际上是一个动态的过程。本研究首先分析了价值形成过程和营销能力培育之间的关系，指出营销能力是在价值形成的不同环节中逐步培育并得以提高的；其次，本研究对不同类型营销能力培育的价值形成过程及内容进行了全面分析；最后，本研究提出了中国海洋渔业企业基于价值形成过程的营销能力培育的主要途径。

（4）基于价值形成过程的海洋渔业企业营销能力提升措施。海洋渔业产业具有其独特的价值形成特征和价值形成的过程，并且贯穿产业链始终；企业营销能力的培育，依靠某一个单独产业环节的企业是无法完成的，必须从产品或服务创意开始，就要考虑企业及顾客的价值追求目标以及价值追求要素的形成和变化，分析价值形成过程的各个环节，才能使企业营销能力的培育真正具有现实意义和可操作性。基于价值形成过程的海洋渔业企业营销能力提升措施主要包括：首先，要加强海洋渔业企业无形资源的积累和有效使用。拥有资源的多少，决定海洋渔业企业价值形成过程及结果；进而直接影响营销能力的培育水平。对于海洋渔业企业而言，依赖资源及资源使用效率的价值形成过程反映了企业内在经营水平，而依赖价值形成过程的营销能力反映了企业外在竞争水平。其次，通过规范的客户关系管理来提升海洋渔业企业营销能力。客户关系是一种独特的竞争优势，也是一种营销能力。中国海洋渔业企业还没有进行系统、全面的客户关系管理，客户资料零散、使用率低，客户数据库不完善，客户关系管理水平一直比较低下。因此，通过有效的客户关系管理可以促进价值顺利形成及增值，并提升海洋渔业企业的营销能力。最后，建立互联网＋的海洋渔业产业知识平台，在更大范围内实现顾客知识、企业知识等共享，将知识转化企业营销能力。

本研究的主要内容及研究框架如图 1－1 所示。

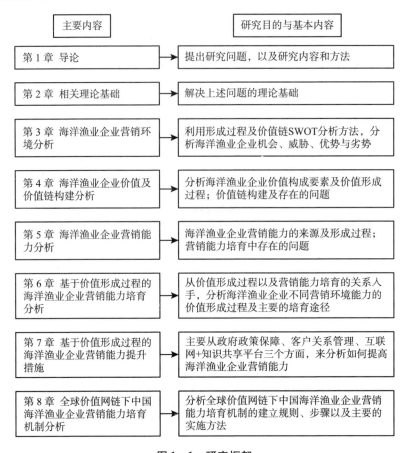

图 1-1 研究框架

在研究中，我们对价值形成过程及营销能力培育的主要观点如下：

一是价值形成过程是企业-顾客以及各利益相关者共同参与、相互影响过程中，以产品和服务为载体逐步产生的。

二是从本质上来看，价值构成要素包含基本要素和特殊要素。价值构成要素的研究必须从顾客的价值构成要素为基础入手，价值基本要素是顾客对每一类产品或服务都要求的一般价值内容；而特殊价值要素是由顾客的个性和产品或服务的特殊性决定的。价值基本要素构成模型是分析海洋渔业企业营销能力培育的基本理论工具。

三是价值增值过程是伴随着不同的价值形成阶段逐渐完成的。从产业链的整个链条来入手，才能全面认识价值链以及价值的形成过程。

四是营销能力主要来源于企业拥有的各种资源及资源的不同组合方式；营销

能力的形成也具有阶段性，每一个阶段价值形成的内容具有差异性。

五是不同类型的营销能力，其价值形成过程也不同。从价值形成过程入手来分析营销能力的培育、提升措施，才能使其具有持久性和有效性。

六是基于价值形成过程的营销能力提升措施，主要通过采取措施来保证价值形成的顺利实现及价值增值，从而赢得顾客和市场。

本书提出的以上观点将在后面有关章节进行具体分析和阐述。

1.3.2　研究方法

在前期研究取得相关成果的基础上，本研究将广泛采用社会心理学、社会统计学的技术方法，利用文献归纳法明确本研究课题的主要视角，深入调查分析海洋渔业企业顾客价值的构成要素和形成过程；以及在新的市场条件下，目标顾客需求变化趋势对顾客价值形成过程的影响，和对海洋渔业企业营销能力培育途径选择的作用。本研究把理论分析与实证研究、静态分析和动态分析相结合，力求得出可信度比较强的结论和政策建议。另外，本研究还采用了规范研究和实证研究的观点和方法，使本书具有较高的理论深度。

1.4　本书的创新点

本书在文献综述及对海洋渔业企业具体了解基础上，对基于价值形成过程的营销能力培育进行了系统的分析。主要的创新点包括：（1）从马斯洛的消费者需要层次理论以及价值理论出发，对价值构成的基本要素以及生成过程的系统分析，提出了海洋渔业企业产品或服务的价值构成要素模型，以及价值形成过程理论；（2）基于价值形成过程的海洋渔业企业营销能力内容和形成阶段的系统分析和研究；（3）基于一般价值形成过程的海洋渔业企业营销能力来源、构成、形成过程及培育途径的研究；（4）基于价值形成过程的海洋渔业企业营销能力提升措施的分析；（5）全球价值网链下中国海洋渔业企业营销能力培育机制的研究。

第2章 相关理论基础

随着市场营销在企业经济活动中的地位越来越显著，企业也从生产导向、产品导向逐渐向顾客导向、市场导向转变。营销管理的重点从企业转变为顾客，如何围绕顾客需求创造、传递价值，提高营销能力是企业面临的重要课题。国内外研究者们结合不同产品或服务，对价值创造与形成过程、营销能力等理论进行了较为全面地研究，并取得了丰硕的研究成果。这些理论成果，是我们进行海洋渔业企业基于价值形成过程的营销能力培育研究的理论基础。

2.1 相关概念界定

基于价值形成过程的海洋渔业企业营销能力培育研究中，涉及几个核心概念：价值，企业价值，顾客价值，关系价值，营销能力等。为了避免理解上的错误，对本研究中涉及的主要概念进行界定。

2.1.1 价值

价值是一个内涵丰富、涉及领域广泛的概念。在社会学和哲学中，对价值及价值观的讨论就一直没有停止过，人们一直在追寻人生存发展的意义之所在，即人之价值何在。

本研究中的"价值"定义，主要基于马斯洛人本心理学理论。马斯洛在他的系列心理学著作中，创立了影响深远的"需求层次理论"。在分析不同层次的需求时，马斯洛认为，动机是引发需求的生理驱动力，因为人与人之间的个性、文化环境、偏好等的差异，也造成了满足需求的价值不同。价值是联结人们需求和行为动机的重要因素。对于整个社会而言，人性的价值既有共性价值（属于全体人类），也有特殊价值（属于某些独特的个人）。他在对人的健康发展过程进行分析时提出：有什么样的能力就产生什么样的需求，所以人的能力等于需求，而需求等于人追求的内在的价值。以生物性为基础的需求是内在价值，主要满足个人生存、生命安全等生理性需求；而以社会性需求为基础，必须经过我们创造和选择而产生的价值则是外在价值①，主要满足我们心理或精神方面的需求。从这个意义上来看，价值的形成是人作为生物性和社会性双重存在的必然要求：内在价值要求人们必须通过购买、消费活动来满足生理、安全等生存的需要；外在价值驱使人们进行创造和选择，以满足社交、尊重、自我实现等高层次的需要，达到人格完善。所以，人参与到价值创造过程中是一个必然的趋势。

以马斯洛的心理理论为基础，人们给出了不同的价值含义（Woodruff, 1997; Zeithaml, 1988）。比较简洁的价值定义是：价值是各种收益与所支付价格及附加成本之和的比值。如下列公式所示②：

$$价值 = 收益/支付的价格 + 附加成本$$

我们在本研究中所讲的价值概念，仅指营销学中的价值，它不同于哲学、社会学、经济学中的价值。营销的本质是交换，因此营销学中的价值，主要是指买卖双方为了满足各自的需求而以付出一定的代价为前提进行交换所产生的利益综合（花昭红，2010）。根据马斯洛的理论，价值应该包括满足内在价值和外在价值两个方面。同时，由于价值的发现和创造主要涉及卖方（企业）和买方（顾客）两个主体，所以从不同的视角来考察，价值又内含企业价值、顾客价值、关系价值等内容。

（1）企业价值。一般意义上的企业价值主要体现在企业在经营活动中创造的经济价值和社会财富的多少。从管理角度来看，企业价值的评估要在考虑宏观环境、产业环境影响基础上，评价整体企业拥有或占有的全部资产的状态和整体获利能力。罗杰·莫林及谢丽·杰瑞尔（2002）指出，企业价值也称之为公司价值，其主要表现为股东价值，即企业为公司股东创造的利益综合，一般通过财务回报的形式体现出来。同时，从广义上看，企业价值还包括为顾客及其他利益相关者创造的价值。

从传统意义上一般认为生产要素创造价值。法国经济学家萨伊和英国经济学家马歇尔等人都认为，企业价值主要是对土地、资本、劳动、组织等生产要素的创造性使用过程中创造出来的。这种融合多种生产要素创造的价值主要表现为商品的使用价值。在市场交换过程中，价值外在表现为市场价格，也就是交换价值。企业生产和创造价值，并提供以价值为载体的产品或服务，而顾客通过购买、消费活动实现企业价值。在现代市场经济条件下，经济全球化已经成为必然

---

① 马斯洛著、叶昌德编译：《马斯洛成功人格学》，北方妇女儿童出版社 2005 年版，第 276～301 页。

② Art Weinstein, Hilton Barrett（2007）. Value creation in the business curriculum: A tale of two course. Journal of Education for Business, pp. 329 – 336.

趋势，价值创造活动已经超越了企业及国家的界限。特别是互联网经济的出现和迅速普及，企业价值单独由企业依赖生产要素进行创造的说法越来越站不住脚。顾客的广泛参与使得顾客在企业价值创造过程中的作用越来越大，因此，出现了顾客价值这一概念。

（2）顾客价值。从价值到企业价值，再到顾客价值，说明了顾客地位从被动、从属，到主动、主导转变的过程。因为企业价值能否实现，依赖于顾客是否购买、消费企业产品或服务；如果顾客认可并购买、消费了企业的产品或服务，那么企业的投入得到了回报，企业价值得以实现：股东因为得到预期收益而实现了股东价值；社会因为有更高的经济增长、更多的就业岗位而实现良好的社会效益。与此同时，顾客也因为得到了自己需要的价值而更加满意。可见，顾客价值是企业价值形成的基础，或者说顾客价值是企业价值不可分割的一部分。马斯洛的心理需求理论揭示了人性的价值既包括满足生理性需求的内在价值，也包含满足社会性需求的外在价值。顾客作为社会存在，顾客价值也必然同时包含内在价值和外在价值。但是，考虑到顾客价值的个性化和主观性，以及对特定产品或服务需求的差异性，顾客价值包含的内容和要素既有共性，也具有特性。

顾客价值的定义有很多（Woodruff，1997）。杰克逊（Jakson，1985）最早提出了"价值"定义，他认为价值是感知利益与价格之间的比率。泽丝摩尔（Zeithaml，1988）将顾客价值定义为"顾客感知价值"，认为只有能够被顾客感知到的价值才有意义，是顾客的感知而不是企业决定顾客价值。莫瑞斯（Morris，1995）将泽丝摩尔的顾客感知价值理论进行了拓展，他认为顾客感知价值就是顾客对价值进行比较之后的、个性化的、故意有偏的评价。而科特勒（Kotler，1994）提出的顾客让渡价值理论认为，顾客价值（即，科特勒所谓的"顾客让渡价值"）就是顾客总价值（顾客从特定产品或服务中获得的一组利益）与顾客总成本（顾客为特定产品或服务所付出的预计费用）之差。在买方市场条件下，学者认为，价值只能用用户来创造和决定（Prahalad C. K.，2004）。但一般认为，顾客价值意味着持续的超越顾客预期的商业体验，它是所有企业为了在顾客心目中与竞争对手相区别而采用的战略驱动力（Weinstein and Harrett，2007）。

参照以上定义，我们认为，顾客价值是指，顾客在特定条件下感知到的企业产品或服务为自己带来全部利益与付出所有成本之间进行持续比较和权衡的结果。此定义中包含的含义是：第一，"特定条件"指出了顾客价值的主观性特点。顾客价值必须就特定的主体、特定的产品或服务以及特别的消费场景才具有探讨的意义。即使顾客价值具有共性内容，但是在特定条件下，在其共性内容框架下也包含具有特性的具体内容。第二，顾客价值定义标明了价值的相对性。顾客价值的相对性包括两层含义：一方面，顾客价值具有内在的相对性。产品或服务为顾客带来全部利益与付出所有成本之间进行比较，降低成本意味着更多的利益，顾客价值增加；同时，增加的收益也只有在超过成本付出的前提下，顾客价值才会真正得以提高。另一方面，顾客价值具有外在的相对性。顾客感知到某企业产品或服务的特定价值，必须是与市场上其他同类产品或服务所蕴含的顾客价值比较之后得到的结果。如果没有和竞争对手的比较，顾客价值因为缺乏分析参照物而失去其意义。第三，顾客价值定义阐明了产品或服务是顾客价值的载体。因为顾客价值是抽象的、不易被感知的，它必须借助于有形的、容易被感知的某种产品或服务为载体来进行传递。如果失去了产品或服务这个载体，顾客价值就无所依附，成为没有实际意义的虚无概念。第四，顾客价值是一个持续评价和权衡的结果。顾客价值的形成、增值及传递是一个持续的过程，因此，顾客价值的评价与权衡也是一个不断肯定、否定以及再肯定、再否定的辩证过程。随着消费者自身的变化，以及消费环境的不断改变，顾客在同类产品或服务的购买消费中，出现了顾客价值形成及不断累积的过程；也有可能出现顾客价值消失或者出现负价值的现象。可见，讨论顾客价值这个概念，必须要考虑顾客购买、消费的特定环境条件、借以比较和权衡的对象、作为价值载体的产品或服务本身的特有属性和特点以及顾客价值评价的持续性特点。从这个意义上来看，顾客价值才具有深入探讨的可能性。

（3）共创价值。营销学中关于顾客价值理论的研究，曾经一度呈现出越来越显著的差异性（Ulaga，2001）：企业视角的顾客资产理论，顾客视角的顾客价值理论，企业、顾客双向视角的关系价值理论。企业价值强调企业通过生产经营活动获得的财务回报（莫林、杰瑞尔，2002），而顾客价值则是顾客从自身视角判断的、以购买与消费活动实现的超出预期的利益总和（Woodruff，1997）。如果追求企业价值最大化，财务回报最高，就必须减少与利益相关者的利益分享比例，通过定高价获得高的利润率；同样，如果追求顾客价值最大化，顾客回报最高，企业就必须提高与利益相关者的分成比例，通过定低价让顾客降低成本以获得更多的实惠。但是实际情况是，企业不可能无限制地定高价，否则会丧失市场和顾客，最终被迫退出市场；同时，企业也不可能无限制地定低价来取悦顾客，否则会因为收益无法弥补成本而被市场所淘汰，最终也免不了破产的命运。可见，要想同时实现企业价值与顾客价值，必须寻找一个价值的均衡点。在此背景下，企业、顾客双向视角的关系价值理论似乎找到了解决问题的答案。因为，建立符合企业和顾客双方利益的关系，在增加顾客转移购买壁垒的同时，有利于实现企业价值和顾客价值（Burnham et al.，2003；Mathotra et al.，2005）。关系价值具有双向性，即只有在企业、顾客共同参与，不断产生互动的过程中，关系价值才会产生和累积。正是在对关系价值理论研究中，出现了共创价值这个概念。

所谓的共创价值（或者称"价值共创"），是在开放的网络环境条件下，顾客参与并协助企业完成价值创造和传递过程的一种价值形成方式（Vargo and lusch, 2004）。普拉哈拉德和拉马斯瓦米（Prahalad and Ramaswamy, 2004）对传统的价值创造与新型的企业、顾客价值共创进行了对比研究，认为两者之间在以下方面存在显著差异，如表 2 - 1 所示。

表 2 - 1　　　　　　　　　　传统的价值创造与价值共创的区别

	传统的价值创造	价值共创
交互目标	经济价值	通过共创经历获得共创价值，同时获得经济价值
交互发生位置	价值链末端	重复性的，在系统中的任何时间和地点
企业 - 顾客关系	交易关系	交互与交易同时进行
可选择性	各种产品和服务，特征和功能，产品绩效与流程	通过多渠道、选择、交易以及价格体验关系实现价值共创
企业与顾客的交互模式	被动的，企业发起的，一对一的	主动积极的，由企业与顾客共同发起的，一对一或一对多的
关注质量	内部流程及企业提供的产品或服务的质量	企业与顾客交互关系及共创体验的质量

资料来源：Prahalad C. K. , Venkat Ramaswamy. Co - Creating Unique Value with Customers ［J］. Strategy and Leadership, 2004（3）：8.

从表 2 - 1 中可以看出，传统的价值创造是企业主导和发起的，顾客处于被动、从属的地位；价值主要通过企业的生产流程以及产品或服务反映出来，企业和顾客只有在价值链末端才会发生交互作用；成本和收益分析要符合双方的目标利益。而价值共创模式下，由于信息和技术的支持，顾客从被动转变为主动的合作者；企业与顾客的交互作用以多种方式在价值形成的任何阶段、任何时间进行；价值不仅通过产品或服务本身反映出来，还以互动关系体验反映出来；对价值的评价不仅依赖成本收益分析，还要判断交互关系的质量。

对共创价值可以从几个方面来理解：第一，共创价值的前提条件是信息的双向流通，尽可能降低顾客方面的信息不对称程度。在现代网络技术普及的条件下，顾客有能力获取企业产品或服务方面的信息，并且结合自己的经验及与他人交流产生的新想法，完全可以更广泛、更深入地扮演多种角色，而不仅仅是产品或服务的消费者（Hoyer et al. , 2010）。顾客角色的改变，也使顾客行为方式变化，顾客 - 企业关系也随之改变。第二，技术手段是共创价值得以实现的物质基础，包括沟通的技术、表达需求的技术及顾客参与价值共创的技术。共创价值形成过程中，顾客必须能够随时把自己的需求及对产品或服务的设想准确传递到价值链的任何环节；而价值形成过程中每一个环节的企业也同时能将顾客的反馈和观点整合到生产经营过程中。因此，以技术手段为支撑的信息共享平台可以增进企业与顾客的相互了解，便利快捷的沟通技术可以保证顾客在共创价值工程中的无障碍参与。第三，顾客在共创价值过程中是主动的合作者。相对于传统价值创造过程中的被动接受和事后反馈，顾客在共创价值过程中是积极的合作者。在服务经济时代，顾客本身必须参与到价值生产过程中去，企业则为顾客的价值创造提供支持；没有顾客的参与，就没有价值创造。因此，在价值共创过程中，顾客是价值创造的主导者（Heinonen et al.，2010），顾客个性化需求决定着持续进行的共创活动的价值形成；顾客完全是自发的、积极主动的参与，顾客的体验和价值是共创价值的核心，围绕这一核心，企业－顾客构造了一个双赢的价值共创体系（武文珍，2014）。第四，顾客能力的提高是共创价值顺利进行的关键因素。普拉哈拉德及拉米斯瓦米（Prahalad and Ramaswamy，2000）认为，企业的运作模式需要和顾客的能力相匹配。这里的顾客能力是指顾客拥有的知识技能、主动学习及参与有效对话的能力①。顾客具有了以上能力，才能使共创价值成为可能：共创价值需要顾客的高度参与并熟练掌握一定技术手段，顾客能力可以保证知识储备和及时更新，并保持沟通的有效性。顾客能力的高低同时影响与企业运作模式的互动程度及匹配水平：顾客能力高，则与企业运作模式的互动性强，与企业资源、能力的匹配水平就高，共创价值的效果好；相反，顾客能力低，与企业运作模式的互动性弱，与企业资源、能力的匹配水平就低，共创价值的效果差。

在共创价值中，顾客的地位与作用不同于传统的价值创造过程。如表 2－2 所示。

表 2－2　　　　传统价值创造与共创价值过程中顾客地位与作用的变化比较

	传统价值创造过程	共创价值过程
顾客参与程度的差异	参与程度低	参与程度高
在价值创造过程中的作用	价值的消耗者，产品或服务的被动接受者	价值的共同创造者，产品或服务批判性接受者
顾客能力的体现	关于产品或服务的有限知识和能力	关于产业链或价值链的综合性知识和能力
顾客与企业建立关系的意愿	较低	乐于建立全方位、全过程的合作

① 伍文珍：《共创价值视角下顾客角色转变及其对企业营销战略的影响》，载《商业研究》2014 年第 2 期，第 85 页。

根据表 2-2 的对比分析，我们可以看出，共创价值过程中，顾客的主观能动性更强；顾客更主动地参与到价值创造中去，并对产品或服务的生产提出创造性意见，以更加符合自己的需求；顾客的综合知识与能力更高；顾客更愿意与企业建立全方位、全过程的合作关系，以实现共创价值目标。因此，在共创价值过程中，企业必须重视顾客的参与及其作用。

可见，在买方市场出现及互联网经济迅速发展的条件下，共创价值已经成为价值形成的必然趋势，企业与顾客都是价值创造的主体。价值共创是值得达到的目标，因为它可以帮助企业进一步了解顾客的观点并确定他们的需求（Payne，Storbacka and Frow，2008），同时实现有效的服务定制（Bitner and Brown，2009），价值的量也因为顾客的参与而得到提高（彭艳君，2014）。企业价值与顾客价值都是在共创价值过程中实现的，企业价值得以实现的前提是创造的顾客价值符合顾客预期；共创价值过程中，企业为顾客创造顾客能感知并接受的顾客价值，顾客为企业创造企业生存发展所需要的企业价值。关于企业价值与顾客价值的关系，我们在后面进行分析。

2.1.2　营销能力

理论界对营销能力的研究主要是关注营销能力的定义和来源问题，并把营销能力应用到企业战略对话以及营销实践中。关于营销能力的定义一直众说纷纭，并没有一个统一的、公认的说法。目前，对于营销能力的定义主要涵盖以下几个方面的观点：

营销能力是基于资源基础上发展而来的一种能力。例如，摩勒（Möller，1987）等人将资源看作是企业资产，把营销能力理解为企业人力资产、市场资产和组织资产的复杂组合。因此，营销能力就是识别顾客需求和理解顾客选择行为影响因素方面所具备的优势资产（Narasimhan，Rajiv and Dutta，2006）。戴伊（Day，1994）认为营销能力就是在拥有优于竞争对手的独特资源基础上发展起来的能够提升创新绩效、获取竞争优势的差异化能力。德鲁克（Drucker，2009）指出，营销和创新是企业的两项基本职能。因此，营销能力是企业内部特殊的、有价值的、有形或无形资源集合基础上进行创新并获取竞争能力的能力（Song and Droge et al.，2005）。从这个意义上讲，资源是培育营销能力的基础和前提。

营销能力是掌握并运用知识的能力。在知识成为企业战略性资源之后，企业在知识资源方面的异质性可以导致企业之间经营绩效的差异性（Kogut and Zander，1992）。建立在知识基础之上，营销能力可以是发展与维持与顾客关系的知识（Moorman and Slotegraaf，1998），或者是培育及推广品牌的知识（Kotabe，

Srinivasan and Aulakh, 2002), 或者是识别顾客需求并掌握影响顾客选择行为因素的知识 (Dutta, Narasimhan and Rajiv, 1999), 等等。不论是以上哪一类知识或者是几类知识的综合, 都将影响并决定企业营销能力的高低。只有掌握了与产品、服务相关的一切营销知识, 并将其有效地应用到企业营销决策中, 以获得市场优势地位, 才能具有相应的营销能力。在知识经济时代, 企业对知识的掌握和使用情况反映了其学习能力及对市场需求的响应程度, 也最终表现为企业营销能力的高低。

除了资源决定论、知识决定论之外, 研究者认为, 营销能力就是企业运用自身资产和知识去创造顾客价值并获得竞争优势的组织流程 (Day, 1994)。这一定义深化了对营销能力的认识: 资源或知识不会自动转化为企业的营销能力, 只有按照设定的目标, 将各类资源和知识整合到企业流程中去, 通过资源和知识的整合使用, 创造并输出超出资源或知识本身的价值, 才是企业营销能力的体现 (Vorhies, 2000)。可见, 资源不等于营销能力; 知识也不等于营销能力。只有资源和知识在企业组织流程中的整合运用, 创造和输出价值满足市场需求, 提高企业对市场环境的适应程度 (Morgan, Shaoming and Vorhies, 2003), 才是一个组织的营销能力。

关于营销能力理论的研究, 后文将进一步进行回顾和分析, 此处仅就基本概念进行探讨。从上面几类定义中, 笔者认为可以从几个方面来剖析营销能力的内涵:(1) 资源及知识是营销能力形成的物质条件。营销能力一般表现为某一种市场能力, 但是这种市场能力归根结底要建立在一定的物质基础之上。企业占有和使用的有形资源、无形资源, 决定了企业能向市场提供什么样的产品或服务, 能够满足客户哪些方面的需求; 而企业掌握的知识数量和质量则决定了企业对客户的理解程度, 以及对市场环境的掌控能力。如果没有资源, 营销能力的培育只能是纸上谈兵; 而缺乏相应的知识, 营销能力的培育则只能是无的放矢。(2) 营销能力的形成和提高是一个适应市场变化的过程。目标市场客户的需求是一个动态变化的过程; 通过资源和知识在组织流程中的整合, 创造并输出价值, 以满足客户需求的过程, 也是不断变化的。在这个过程中, 营销能力逐渐形成并逐渐得到提高。资源的占有和知识的积累都是渐进的过程, 在此基础上营销能力的形成和提高也是一个渐进的过程。(3) 营销能力的高低取决于企业组织流程整合资源和知识的能力。企业的组织流程构架合理, 才能够实现不同资源的整合运用; 而知识的掌握及在组织中的共享和使用, 很大程度上反映出产业链及价值链是否运行畅通并能够有效满足目标市场的需求。从这个意义上看, 组织单纯依靠占有资源和知识, 并不能形成在市场上的竞争优势; 而必须通过高效的组织流程实现资源与知识的整合, 才可能创造并输出市场认可的价值, 并获得具有差异化优势的营销能力。

在理论界，一般认为知识也是一种资源。因此，在本研究中，笔者认为营销能力是建立在一定资源基础之上的、创造并促进价值交换顺利进行的能力。

2.2 价值理论

营销学中关于价值的讨论源于顾客满意理论的研究，即：是产品或服务本身造就顾客的满意，还是以产品或服务为载体的价值带来顾客满意？为此，杰克逊（Jakson，1985）在研究中最早提出了"价值"定义，即价值就是感知利益与价格之间的比率。此处的价格包括购买产品或服务的货币价格以及获得、运输、安装、定购还有失败的风险等。杰克逊的价值含义揭示了价值的主观性和相对性：价值主体是顾客，价值就是顾客的感知利益，不同顾客的感知具有主观差异性；价值又具有相对性，它是感知利益与付出价格的比率，比率越高，价值就越高。后人关于价值及顾客价值理论的研究，基本上都是沿袭杰克逊的研究思路：一是从产品和服务为载体的价值本身的相对性（Morris，1994；Higgins，1998；Anderson and Narus，1998；Kotler，1994；Yranesevic and Tihomir1，2004），二是从顾客对价值的主观感知评价（Zeithaml，1988；Monroe，1990；Woodruff，1993；Gale，1994；Butz and Goodstein，1996；Berry and Bendapudi，2003）这两方面来进行的。同时，这些研究的共同点是：都以顾客作为价值评价的主体；价值应该包含收益和付出的权衡和比较。

近年来，越来越多的研究表明，单单依靠企业或顾客都无法完成价值的创造。在价值创造过程中，企业往往无法掌握足够的资源，需要从企业外部获取资源或资源的支持。此外，即使企业拥有足够的资源以及对顾客和市场的充分知识，也要通过组织流程实现资源与知识的整合，才能有效地创造并输出价值，完成企业价值创造的任务；有某种需求的顾客，同样需要具有相应的信息、沟通工具等，并或多或少地参与到企业生产流程中去，评价企业价值创造的过程和结果，判断企业输出的价值是否与自己的需求相吻合，是否能获得自己期望的顾客价值，才能决定最终的行动。可见，共创价值是价值创造的一种共识（Vargo and lusch，2004）。

2.2.1 企业价值与顾客价值的关系

在共创价值模式下，企业与顾客的关系发生了根本变化（Hoyer et al.，

2010）；同样，乌拉加（Ulaga，2001）的早期研究也指出，企业价值与顾客价值的关系不仅仅是对立矛盾的关系，而更是共生共存的依存关系（Payne，Storbacka and Frow，2008；Bitner and Brown，2009；彭艳君，2014）。

（1）两者的区别。首先，企业价值与顾客价值的价值主体不同。企业价值的价值主体是企业，它主要代表企业所有者的价值诉求。在现代企业制度下，股份制企业是企业的主流形式，股东就是企业所有者。罗杰·莫林及谢丽·杰瑞尔（2002）认为，企业价值就是股东价值（shareholder value），具体以财务收益来反映，常用的指标包括股东总回报率、自由现金流（股东视角）、经济利润（收益与投资资金的差额）以及保障价值（依据某个特定战略对预期现金流或经济利润的预期折算出来的企业或经营单位的现值）。可见，企业一般通过会计周期来核算财务回报，因此，企业价值的反映指标多数属于短期指标。顾客价值的价值主体是顾客，只能由顾客来创造和决定（Prahalad C. K.，2004），它代表顾客的价值诉求。在买方市场条件下，顾客已经从价值的被动接受者转变为主动创造者，顾客价值的选择余地越来越大；非此即彼的单一选择模式，开始转变为若干可能性的多元化选择模式。顾客价值评价指标一般包括顾客成本—收益分析、顾客满意度、顾客忠诚度等。

其次，企业价值与顾客价值的价值目标不同。在经济学"经济人"假设下，不论是企业还是顾客，其价值目标都是追求价值最大化。阿尔弗雷德·拉波波特（Alfred Rappaport，1981）在《哈佛商业评论》上的一篇文章中指出，企业价值，也就是所谓股东价值，其价值目标是股东经济价值（股东收益率）最大化。股东价值最大化也成为许多企业追求的价值目标。因为，企业价值最大化符合股东的价值诉求，最大的财务回报使得股东的投资能获得最大化收益，并激发股东继续投资的欲望，从而使企业获得生存发展所需要的源源不断的资金投入。如果企业价值目标没有顺利实现，财务回报达不到股东的价值预期，股东可能会考虑撤资或减少投资，影响企业的资金状况和发展前景。同样，对于多数理性的顾客而言，也会权衡成本与收益的关系，以最小的成本付出获得最大收益会使顾客满意度更高。当然，与企业或品牌产生情感纽带的顾客，价格敏感度会在一定程度上降低，但是成本—收益的比值应该有一个最低值；只有超过这个最低值的交易才能为顾客认可，并继续采取购买行为。可见，花最少的钱，获得最大的收益，是顾客价值最大化的目标。从以上分析可以看出，企业价值最大化的实现，需要给产品或服务定高价，获得高利润回报；而顾客价值的实现，需要企业产品或服务定低价，以最大限度让利于顾客。传统价值创造模式下，两者的矛盾关系似乎是不可调和的；而在共创价值模式下，两者既有区别，也有联系。下文中我们将继续分析企业价值与目标顾客价值目标的联系，即两者之间的相互依存性。

最后，两者对价值目标实现程度的判断标准具有差异性。企业对价值目标实现程度的判断主要依赖于股东满意度；顾客对价值目标实现程度的判断主要反映在顾客满意度上。股东满意度指标一般采用客观的财务指标来衡量，如股东总回报率、自由现金流、经济利润以及保障价值都可以核算出来，反映的是股东的客观满意程度；顾客满意度是指规定特性满足需求的程度（ISO9000），其测量的是顾客主观上的满意程度，在总的顾客满意度指标之下，一般通过顾客期望、顾客感知质量、顾客满意度、顾客抱怨、顾客忠诚度等五个二级指标来进行核算。顾客满意度的各级指标，通常采用李克特量表来衡量，更多地表现为顾客主观倾向性。这与股东满意度是有所区别的。企业价值与顾客价值的区别（如表 2 - 3 所示）。

表 2 - 3   企业价值与顾客价值的区别一览表

	企业价值	顾客价值
价值主体	企业	顾客
价值目标	企业价值最大化	顾客价值最大化
价值目标实现程度的判断标准	股东满意度	顾客满意度

（2）两者的联系。首先，企业价值与顾客价值都是经由一个价值形成过程创造出来的，这个价值形成过程就是我们前文提到的价值共创过程。从来没有完全分裂的企业价值形成过程或顾客价值形成过程。在这个价值形成过程中，企业通过组织流程对资源进行整合，创造并输出价值；企业输出的价值为顾客所接受并购买，则企业价值得以实现；顾客则通过对组织流程整合资源过程的参与，帮助企业创造并有针对性的输出顾客需要的价值；在供需衔接的条件下，顾客价值得以实现。当然，尽管企业价值与顾客价值形成过程是一致的，但是两者并不是完全等同的关系。

其次，企业价值与顾客价值的价值载体都是产品或服务。企业价值，抑或是股东价值，是否能够顺利实现，关键看企业向市场提供的产品或服务能否卖出去，产品或服务是企业价值的载体。顾客价值能否达到并实现顾客预期，关键也要看产品或服务是不是能够被顾客接受和购买，因此，产品或服务同样是顾客价值的载体。可见，判断企业价值与顾客价值的一致性，必须考察产品或服务的市场可接受度；只有产品或服务能够满足顾客需求并为顾客所接受，企业价值与顾客价值才能达到一定程度的一致性。

再其次，顾客价值是企业价值得以实现的基础。在传统价值形成过程中，先有企业的价值创造和输出，再有价值链末端的顾客价值（Prahalad and Ramaswamy，2004）。企业创造和输出的价值，只有被顾客感知并接受了，才能成为真正意义上的顾客价值；否则，顾客对企业创造并输出的价值没有感知到，或者虽然感知到了但是由于不符合自己的价值诉求而拒绝接受，则顾客价值也不存在。而在共创价值模式下，顾客对价值形成过程的参与是立体化的、全过程的：顾客不仅仅在价值链末端感知、权衡价值；而且参与到价值创造的整个链条中去，从产品或服务的创意、设计开始，到最终生产并提供给市场的成品。顾客参与及与企业的互动，加深了企业对顾客及其需求的理解程度，能更好地实行顾客定制，所提供的产品或服务更符合顾客期望；因此，顾客更有可能接受并购买符合自己预期的产品或服务，顾客价值也就得以实现。同时，顾客的购买也为企业带来利润流，企业价值因此实现。所以，价值实现的逻辑顺序是，顾客价值实现后，才有企业价值的实现。

最后，顾客参与可以同时提高企业价值和顾客价值。顾客参与可以提高企业产品或服务的定制程度（Bitner and Brrown，2008），从而产品或服务的市场可接受程度更高。这对于企业而言，意味着资源配置的高效率及生产经营成本的降低，因此，企业价值由此得到提高；同样，对于顾客而言，有顾客参与带来的定制产品或服务，不仅能够有效满足需求，降低搜寻及交易成本，同时也能带来更高的满意度及愉悦感（Rodie and Kleine，2000），顾客价值也因此得到提高。由此可见，价值共创模式可以促进价值形成，并提高价值输出的量。

温斯坦与波尔曼（Weinstein and Pohlman，1998）创立了顾客价值漏斗工具以说明价值形成的过程及企业价值与顾客价值的关系，如图 2-1 所示。

2.2.2　价值的创造与形成过程

价值的创造及形成过程，往往是针对某个特定对象而言的。例如，组织为资本提供者（即股东）创造的价值（股东收益），或者是企业以产品或服务为载体为顾客或消费者创造价值（Weinstein and Barrett，2007）。在动态的、竞争激烈的商业环境中，成功参与价值形成过程的企业必须要了解目标市场的需求变化，并确知如何来满足这种变化的需求（Coulson Thomas，2000），可见以充分的市场研究作为价值形成的开端尤为重要。其中，从宏观到微观描述价值形成过程的顾客价值漏斗理论是比较有代表性的分析工具。如图 2-1 所示，利用顾客价值漏斗模型来说明价值形成过程：

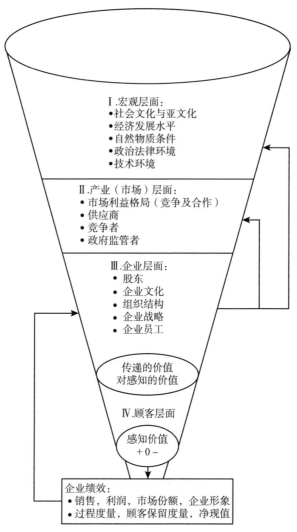

图2-1 价值形成过程：包含四个层次的顾客价值漏斗

图2-1是温斯坦与波尔曼（Weinstein and Pohlman，1998）、托马斯（Thomas，2000）以及温斯坦与巴雷特（Weinstein and Barrett，2007）等人提出的顾客价值漏斗（the Customer Value Funnel，CVF）理论。顾客价值漏斗理论不仅有利于理解和评价市场动态及环境，还可以将其作为顾客聚焦决策的系统的、多样化的、整合性的有效工具；同时，企业管理目标是价值最大化，在这一过程中，实现顾客价值对流程及绩效的重大影响。其中，顾客价值是企业价值战略的整

体基础①。综合以上研究者的研究成果，根据顾客价值漏斗分析工具，价值创造与形成过程可以从四个层次来进行探讨：

（1）宏观层面的价值形成过程，主要决定了社会性价值。因而，识别宏观环境因素，是分析价值形成过程的第一个层次。一个社会需要什么样的社会价值，往往取决于这个社会的主流文化及亚文化、经济发展水平、自然或物质条件、政治法律环境以及技术环境等。宏观环境也为价值创造和形成过程提供新的市场机会，或者阻碍价值的顺利形成。同时，宏观层面的价值创造和形成也对产业市场产生影响。

（2）产业（市场）层面的价值形成过程，主要决定供应商、竞争者以及政府监管者的价值。产业市场的竞争、合作局面，往往规定了一定的市场利益分配格局，也决定着供应商、竞争者以及政府监管者价值创造和形成过程。各方价值目标的实现程度，则取决于其在市场利益分配格局中的地位。在垄断市场条件下，市场利益格局不均衡，供应商、竞争者以及政府监管者的价值形成及实现程度是有很大差别的；相反，在竞争性市场条件下，按照市场规律进行的利益分配相对稳定，那些具有市场优势组织的价值形成和实现更加顺畅。

（3）企业层面的价值形成过程，主要决定企业价值，即股东价值，也包含员工价值。因为员工价值能否顺利形成并实现，取决于组织人力资源管理的成效，所以本研究将不再赘述。企业组织层面价值的形成过程，往往受到股东、企业文化、组织结构、企业战略及员工等因素的影响。股东具有决策权，企业价值就是股东价值，因此股东在相当大的程度上决定企业价值形成的方向。此外，企业文化决定企业价值观；组织结构决定组织流程并进而影响价值形成过程；企业战略决定企业未来发展方向及要遵循的基本原则；员工是参与并促进企业价值形成最主要因素，员工素质及参与程度决定价值形成的水平和输出。

（4）顾客层面的价值形成过程，主要取决于顾客对企业创造并传递价值的感知。作为价值载体的产品或服务，顾客会对其进行成本—收益分析。如果感知收益大于成本，对顾客而言，产品或服务是有价值的，或者说顾客价值为正值；相反，如果感知收益小于成本，对顾客而言，产品或服务就是没有价值的，或者说顾客价值为负值。最终，顾客感知价值又将决定企业绩效水平。

利用顾客价值漏斗（CVF）分析工具分析了价值创造及形成过程，以便做到在不同层次上能准确识别价值，并保持不同层次价值的一致性。当然，从宏观层面的价值形成过程到顾客层面的价值形成过程，是一个向下的价值漏斗，下一个

①　Art Weinstein and Hilton Barrett. Value Creation in the Business Curriculum: A Tale of Two Courses [J]. Journal of Education for Business. 2007，7 - 8：330 - 332.

层面的价值形成过程包含于上一个层面的价值形成过程。例如，产业（市场）层面的价值形成过程包含于宏观层面的价值形成过程，是宏观层面价值形成过程的一个组成部分；企业层面的价值形成过程包含于产业（市场）层面的价值形成过程，是产业（市场）层面价值形成过程的组成部分之一；顾客层面的价值形成过程包含于企业层面的价值形成过程，也是企业层面价值形成过程的组成部分之一。从图 2 - 1 还可以看出，价值形成过程的四个层次跨越了企业边界，受到宏观层面环境因素及资源条件的制约，也会因为产业竞争利益分配格局的不同而不同；而企业层面是价值形成过程重要的环节，决定了资源整合的能力和满足市场需求的水平；顾客层面的价值形成过程决定了企业价值的实现程度及绩效水平。在垂直的价值漏斗中，应该说顾客感知价值是根本：如果顾客无法感知企业创造并传递的价值，顾客就不会购买产品或服务，企业价值就无法实现；而企业价值不能实现，企业在产业市场就丧失了存在的意义和价值，企业会被淘汰；产业市场价值创造和输出的能力降低，则整个产业也会走向衰落；某一个或几个产业的衰落，又必然降低整个宏观经济的活力，国家的发展受到制约。可见，提高顾客感知价值，保证顾客价值的顺利实现，是企业满足市场需求的必然选择。

除了顾客价值漏斗模型分析之外，研究者们还对价值形成阶段进行了理论探讨。库玛（2001）的 3Vs 理论认为，价值形成分为价值定位（Value Segmentation）、界定价值主张（Value Proposition）、界定借以交付所承诺服务的价值网络（Value Network）。费尔德里克·韦伯斯（Frederick Webster，2002）则认为，市场研究及公司自我评价是价值界定过程；根据价值界定的结果进行新产品开发、原材料采购、相应战略的制定及执行、买主的选择等是价值创造过程；广告推广、销售管理等营销手段的实施属于价值交付过程。在价值形成的不同阶段，企业工作重点不同，顾客对价值形成的影响也不同。

可见，在价值创造和形成过程理论中，既要考虑价值形成的内在规律性，又要考虑价值形成外在因素的影响。在现代市场经济条件下，外部环境对价值形成的影响尤为明显：良好的宏观经济环境和蓬勃旺盛的产业市场可以为企业价值形成提供充足的资源和健康的外部环境；而企业价值的实现则依赖于顾客感知价值的形成及实现。因此，研究价值创造和形成过程，既要考虑宏观经济和产业市场的动态变化，也要对顾客感知价值基础之上的企业价值形成过程进行具体分析，才能更好地把握价值形成的本质。

2.2.3 价值的基本构成要素分析

根据普拉哈拉德和拉马斯瓦米（Prahalad and Ramaswamy，2004）等人的共创价值理论，以及温斯坦与巴雷特（Weinstein and Barrett，2007）等人的顾客价值漏斗（the Customer Value Funnel，CVF）理论，我们可以得出这样一个观点：从微观层面上看，企业层面的价值形成过程和顾客层面的价值形成过程是无法完全割裂的；价值形成过程需要企业与顾客共同参与，才能有利于双方价值目标的达成。比特纳与布朗（Bitner and Brrown，2008）认为共创价值模式下，企业价值因为顾客价值增加而增加。鉴于此，本研究在分析价值构成要素时，是在共创价值模式下顾客感知价值的构成要素。因为，只有能够从产品或服务中感知到不同价值要素的存在，并与自己的需求相吻合，顾客才可能购买消费，顾客价值得以实现；而顾客价值的实现才能带来企业的现金流和利润流，企业价值目标得以实现。所以，探讨价值构成要素，必须从顾客价值构成要素开始。

顾客价值的构成要素理论认为，不同产品或服务的顾客价值构成要素具有差异性。单因素理论认为，顾客价值主要由一个核心价值因素构成，即顾客价值由价格，或质量，或品牌等单一要素决定（Gale，1994；Zeithaml，1988；Albrecht，1994；加贝，2013）。双因素理论理论认为，顾客价值就是顾客付出的成本与获得的收益两个因素之间对比的结果，因此，成本与收益是构成顾客价值的两个要素（Jakson，1985；Morris，1994；Kotler，1994；Narus，1998）。双因素理论中的成本、收益两个要素又分别包含不同的内容。后来的一些研究者对双因素理论进行了扩展，认为顾客价值的构成应该是一个立体的、多维的结构，只有多方位考察顾客价值的立体构成，才能全面认识顾客价值的构成体系及其内容（Woodruff，1993；Paul Zhao，2004）。

此外，研究者也注意到不同产品或服务中顾客价值构成要素的共同性和差异性，即：不同企业的产品和服务，一般都包含顾客价值基本构成要素，但是其顾客价值基本构成要素的内容是不同的，关键价值要素和成本要素的具体内容也具有差异化（Liu，Annie H et al.，2005；Hoffman，2008）。在有些情况下，对顾客购买起最重要影响的价值要素往往是其中的一个或者几个；只有识别关键价值要素，才能有针对性地满足顾客需求（Paul Zhao，2004；加贝，2013）。

根据以上的研究成果，结合马斯洛需要层次理论，本人认为：价值要素必须满足顾客不同层次的需要；所有以产品或服务为载体的顾客价值，都包含一般性的价值构成要素，即功能性价值、心理性价值、社会性价值、经济性价值（花昭红，2010）等四大要素。不过在不同的环境下，对不同的顾客而言，顾客价值构成要素的具体的内容不同。基本顾客价值构成要素如图 2 - 2 所示。

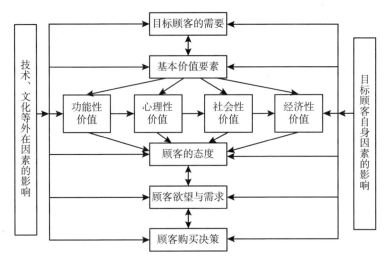

图 2 - 2 顾客价值基本构成要素的概念模型

从图 2 - 2 可以看出，顾客价值基本构成要素受外部环境及顾客自身因素的影响；基于满足不同层次需要的顾客价值基本要素包括功能性价值、心理性价值、社会性价值及经济性价值。基本价值要素是决定顾客是否采取购买行为的前提条件。对于不同的目标顾客而言，基本价值要素是类似的；而基本价值要素包含的具体内容则因人而异，具有明显的差异性。其中，功能性价值是顾客在购买产品或服务时首先考虑的价值，具体指顾客购买、选择时所追求的物理性价值，由产品或服务的质量决定，主要满足顾客生理或身心安全的需要；心理性价值是满足目标顾客心理需要的价值，是在竞争性市场、具有自主购买决策权的条件下所强调的产品或服务所附载的心理性价值，也就是企业对顾客的情感支付；社会性价值是顾客在社会生活中，为满足更高心理追求而在购买过程中与他人直接或间接关系中所获得的，能够体现其尊严、身份和社会存在感、影响力等效用的社会关系价值；经济性价值是顾客对产品或服务的收益与成本权衡后的结果，只有全部成本支出低于总的顾客价值收益时，顾客才可能采取购买行为。在网络经济时代，尤其是 B2C 或者 C2B 条件下，顾客比以往任何时代强势，他们制定交易的规则；因此，是否有利于顾客价值增值、有效传递成为企业成败的评判指标之一（Dussart，2001）。网络环境下顾客重视的基本价值的内容也发生了很大变化，进而影响顾客的购买心理和购买行为（Syed H. Akhter，2011）。

企业价值能否实现，取决于共创价值过程中，顾客通过产品或服务感知的功能性价值、心理性价值、社会性价值及经济性价值，是否能够满足顾客不同层次的需要。因此，从顾客感知的价值基本构成要素入手，分析价值形成过程，更有利于价值目标的实现。

2.2.4 价值理论述评

综上所述，价值理论的研究已经取得了丰富的成果，并进一步推动了营销理论的完善与企业营销实践的发展。首先，对企业价值与顾客价值关系的讨论，使共创价值模式得到越来越多研究者的认可，两者也从对立、矛盾的关系转变为相互依存、相互影响的关系。全面系统的研究使得企业营销有了更坚实的基础，研究视角更加全面，有利于企业营销活动的开展和竞争优势的培育。其次，价值创造与形成过程理论，不仅从价值形成的内在机理分析了价值界定、价值创造到价值交付的全过程；还利用顾客价值漏斗（the Customer Value Funnel，CVF）工具，从宏观环境分析入手，分析了价值形成的四个层次及其影响因素，使我们能够全面地认识价值创造和形成的过程，并在判断增加顾客价值和降低顾客成本的因素方面有了新的理论分析工具。最后，价值的基本构成要素理论，使我们对价值构成要素的共性与个性有了新的认识，相关的营销理论也得到了深化。特别是顾客价值基本构成要素模型的提出，可以帮助我们从功能性价值、心理性价值、社会性价值及经济性价值四个基本价值要素来判断企业产品或服务的社会可接受程度，并据此来判断共创价值的效果。从营销领域来看，价值理论的研究已经形成了比较清晰的理论脉络，弥补了企业营销理论的不足之处，使企业营销在价值形成与管理方面更加具有可行性和可操作性。但是，从目前的研究来看，其不足之处主要包括：（1）既然企业价值与顾客价值是价值形成过程不可分割的两个方面，那么如何处理价值形成过程中两者的矛盾和冲突，如何在实现企业价值的同时保证顾客价值的实现，已经成为企业迫切需要解决的问题。（2）如何在价值形成过程中，寻找增加价值及降低成本的机会，还没有形成系统的思路和做法；顾客参与的程度和能力还有待于提高。（3）价值构成要素理论缺乏一般性的具有指导意义的理论结论，很多研究关注不同产品或服务应该包含哪些价值要素，而没有从价值形成过程分析各个价值要素的形成及其影响因素，因此，研究结论缺乏实际指导意义。（4）对价值形成的起点问题模糊不清。莫林、杰瑞尔（2002）认为消费价值链（即：顾客价值）的起点是股东价值链的研究结论缺乏理论依据。按照现代营销理论的说法，顾客的存在是早于某个特别市场的。所以，股东价值链不可能是消费者价值链的起点；顾客价值的存在早于产品或服务的产生。从产业链的整个链条来考察价值的形成的话，就不能囿于市场上既有的产品或服务，这样才能真正从价值形成角度出发来创造和形成价值，以满足企业及顾客的价值追求目标。

因此，要形成完整的价值理论体系，必须从产业链的整个流程出发来探讨价值的形成过程，考虑共创价值模式下价值形成的关键环节，才能保证在此基础之上的企业营销能力的培育真正做到有的放矢。

2.3 产业链与价值链

经济发展过程中，不管是政府宏观调控部门还是作为经济实体的企业，都越来越重视系统发展的思路。企业只有站在战略高度来选择发展道路，才能做到高瞻远瞩，保证企业发展的方向性。产业链与价值链理论提供了一种新的分析思路。

价值的创造和传递是一个系统过程，因此，国内外也有一些研究者从产业链入手，来分析价值形成过程。在产业链中能够创造并增加价值成为评价一个企业存在意义的主要指标之一。在整个产业链中，相关企业除非能够为其他企业和最终顾客增加重要的顾客价值（Critical Customer Value），实现整个产业链的增殖价值（Incremental Value），否则该企业将会在产业链优化的过程中被淘汰，或者被那些能够提供更好服务的其他企业所代替（Walters，2008）。还有的研究者从股东价值角度出发，认为价值链分析（Value Chain Analysis）可以帮助企业认清自己的竞争优势，并有利于其获得预期的竞争地位；同时，股东价值链运作过程最终所产生的产品或服务也正是消费者价值链的起点[1]（Morin and Jarrell，2002）。消费价值链和股东价值链是两条相互依存、相互影响的价值链条。在任何情况下，两者缺一不可。国内学者张莉（2008）在研究珍珠产业时认为，产业链由不同的环节组成，包括消费者在内的各个利益相关者（生产商、加工商、销售商、珍珠行业协会、各级政府、贸易机构、消费者等）的价值实现贯穿整个产业链条，因此，珍珠产业链实际上也是一个价值链。[2]

2.3.1 产业链

一般来说，产业通常是指具有某种同类属性的具有相互作用的经济活动的集合或系统。产业链分析一般是以整个产业出发，研究整个产业内的企业产品或服务，涉及整个产业，研究主体往往是产业或产业协会。产业链是指产业内各企业

① 罗杰·莫林、谢丽·杰瑞尔（Roger A. Morin and Sherry L. Jarrell，2002）著：《公司价值》，张平淡、徐嘉勇译，企业管理出版社 2002 年版，第 16 页。
② 张莉：《珍珠产业技术与创新机制研究》，海洋出版社 2008 年版，第 47~48 页。

之间的组织或者是市场间的关系。以海洋渔业产业为例，选择产业链发展模式，既是国家产业政策调整、优化产业结构的必然要求，也是新的市场环境下企业整体发展思想的体现。产业链主要强调产业之间的协调和合作，是站在纵向一体化角度来考虑问题。

海洋渔业企业构建共同的产业链是产业发展的必然要求。通过构建产业链，海洋渔业企业可以获得来自于整个产业发展的竞争优势，从而使产业的各个环节企业能够更加协调一致，共担风险，共享利润，降低成本。在传统的海洋产业中，由于没有形成协调一致的产业链，产业内的企业各自为政，以自己企业的利润实现为最终目的，丝毫不顾及产业内其他企业的利益和发展，结果是一个企业的利益在短时间内得到了保证；但是产业环境遭到了破坏，产业链条断裂，该企业的长远发展将难以得到保障。

例如，在海洋渔业产业链中，海洋捕捞企业属于产业链的上游企业。捕捞企业的任务就是尽可能多地捕捞海洋鱼类产品；捕捞到海洋渔业产品后还要迅速把产品卖出去，以及时回笼资金，并减少产品储存、变质等造成的产品损失。捕捞企业把产品销售出去就实现了自己的经营目标，至于过度捕捞产生了哪些环境恶果，产品通过哪些物流渠道，以什么方式在市场上销售，最终销售给了哪些目标顾客，都不是捕捞企业所关心的事情。由于信息不对称，位于产业链末端的最终顾客也更关注买到的海产品是否新鲜，价格是否合理，而很少也无法去关注海洋捕捞企业捕捞环境的优劣、捕捞产品的安全与否。可见，传统的海洋渔业产业链内的各个企业彼此之间是割裂的，没有形成必然的利益联结。

现代海洋渔业产业把产业整体利益作为产业链构造首先考虑的因素，产业链的每一个环节的企业都是整个产业不可缺少的必要组成部分。产业链上不同环节的企业更多的是合作关系，而不是完全竞争的关系。汉德菲尔德、尼奇斯（Handfield and Niches，1998）认为，产业链包括从原材料供应阶段直到最终产品送到顾客手中与物品流动以及伴随信息流动有关的所有企业活动。从这个概念的本意来看，产业链的构造不是简单地把不同产业环节的企业简单地联结在一起，而是要在构建密切合作、科学分工基础上综合构造整个产业，以达到和谐共存、相互促进、共同发展的目标。由海洋渔业产品深加工企业主导的现代海洋渔业产业链简图如图 2-3 所示。

在图 2-3 所示的现代海洋渔业产业链简图中，我们可以看出，产业链中存在错综复杂的链条关系，其中，海洋渔业产品深加工企业在此产业链中起着组织者、协调者的作用。在产业链中，除了存在从产业上游至下游的物流，还同时有资金流、信息流的双向流动。海洋渔业产业链贯穿整个产业环节，包括从海洋渔业捕捞、海洋渔业养殖起，到海洋渔业产品加工、流通的所有环节和整个流程。

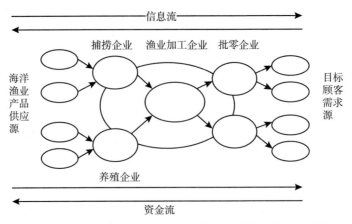

图2-3   以海洋渔业产品深加工为核心企业的产业链示意图

产业链上的各个环节与其他产业有着千丝万缕的联系，因此，海洋渔业产业链不是一个简单的链条结构，而是与其他产业相互交织的网状分布。海洋渔业产业链就是由包括海洋捕捞、海水养殖和海产品加工等主导部门，和物流、销售、渔具和渔船制造等辅助部门，所构成的一个比较复杂的产业网链。价值的形成过程贯穿整个产业链，顾客价值就是在整个产业链中逐渐形成、传递并实现增值的，因此，产业链实际上也是一个价值链。

2.3.2   价值链

最早系统研究价值链理论的学者是波特（Porter，1985），他在其著作《竞争优势》一书中构建了价值链理论的基本框架。波特的企业基本价值链如图2-4所示。

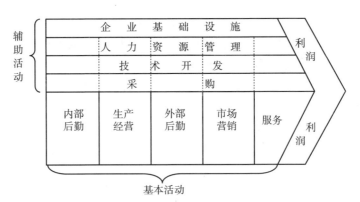

图2-4   迈克尔·波特的企业基本价值链

波特认为，企业的所有生产经营都是价值创造活动，所有的价值创造活动共同构成了企业的价值链。不同企业的价值链千差万别，每一条价值链都代表着企业竞争优势的潜在来源。价值链是一个连续完成的活动，是把原材料转化为最终产品的一系列过程，这些活动和过程构成了企业价值创造的行为链条。而一个企业的价值链是由以独特方式联结在一起的 9 种基本活动类别构成的，包括 5 种基本价值创造活动和 4 种辅助活动。每一种价值活动都可能是企业竞争优势的来源，企业应该逐一评价每一种主要价值活动和辅助价值活动的价值创造能力，以便实现资源的高效配置和对关键价值活动的重点管理。

企业价值链能创造出内容不同、水平不同的价值。有能力的价值链能够创造出特殊的价值内容。可见，价值的创造、形成与顺利实现有赖于企业价值链每一个环节的改进和企业的不断创新。不仅企业内部存在着独特的价值链，而且不同企业之间的价值链之间也存在着相互关联的关系，产业内所有企业的价值链共同组成了复杂的价值链体系，并且反过来对企业价值链也产生相应的影响。根据波特的理论，海洋渔业企业的价值链也可以划分为以上九种基本价值活动。

在波特（1985）研究基础上，其他学者对价值链理论进行了拓展和深化。莫林等人（2002）认为，价值链分析工具揭示了企业各项管理活动与利润之间的关系，可以帮助企业认清当前的竞争优势，并明确为取得预期的竞争地位所需要的改进。在随后的研究中，研究者们认为，如果把价值链理论的研究局限于一个企业内部，那么企业的价值增殖能力是有限的；任何企业价值的创造和形成离不开上下游企业以及其他利益相关者的参与和支持（王琴，2010）。因此，不管是企业价值链（企业为价值主体）和顾客价值链（顾客为价值主体），都会影响价值的形成过程和企业利润实现过程。在经济全球化和信息技术日益普及的情况下，价值链不仅突破了企业边界，而且也突破了国家边界，发展成为世界范围内的价值网链；特别是在模块生产基础上发展而来的全球价值链，是由散布于全球的企业共同进行着从产品设计、市场开发、生产制造、营销活动、仓储运输到销售和售后服务等形成的各种价值增值活动的一个体系（联合国工业发展组织，2002）。全球价值链概念的提出，使各国和各类企业更加明了各自在国际分工中的地位和作用，以及在价值形成过程中企业的参与程度和参与方式。从全球价值链的角度来看，各国企业已经逐渐被纳入到价值创造和形成的同一体系中去（Zack，1999；Sam Palmisano，2006）。因此，我们提到的价值形成过程是超越了企业边界的概念。

在共创价值模式下，价值形成过程是由企业与顾客共同参与、共同完成的；顾客的价值诉求更加准确地体现在价值形成过程中。费尔德里克·韦伯斯（Frederick Webster，2008）认为完整的价值链包含价值定位、价值创造、价值交付等价值形成过程；同时，每一个过程都离不开顾客的参与。据此，在海洋渔业加工企业价值形成过程中，从产品研发设计、生产经营、市场销售等所有环节，顾客同样参与进来，并将自己的价值主张融合在价值链中，使企业的产品或服务实现一定程度的顾客定制，以更好满足顾客需求。海洋渔业加工企业价值链是贯穿整个产业链的；同时，在这一过程中顾客价值主张对企业价值链的影响是全方位的。在顾客参与的价值形成过程中，需要信息充分沟通，企业必须以顾客需求为导向，进行需求管理，促进供求衔接，以弥合价值链的价值形成能力与目标顾客个性化需求之间的鸿沟（Bramham and Maccarthy，2004）。价值链分析工具，可以从价值形成的各个阶段入手，来寻找增加顾客感知价值的机会，以及降低顾客成本的机会（Weinstein and Barrett，2007），从而提高价值形成及输出的总量。

2.3.3　产业链与价值链的关系

如果从一个产业内部来考察，产业链与价值链并不是截然分开的两个链条，而是具有不同内容的同一个链条；同时，产业链的不同环节形成价值链的不同内容。从这一意义上看，产业链本质上也是价值链，价值是在产业链条的不同环节形成的（莫林，杰瑞尔，2002）。因此，产业链和价值链是相互依存、相互影响的。从产业链视角，而不是从单一企业的视角，分析价值链，更容易挖掘价值增值的机会（Weinstein and Barrett，2007），促进共创价值的形成和实现。

两者的联系主要包括：（1）产业链是价值链实现的基础和前提。如果没有以物流、信息流为主导的产业链，那么满足市场需求的产品和服务就无法生产和提供；如此一来，无论对企业还是对顾客而言，价值的实现也就无从谈起。只有在整个产业链的正常运行过程中，随着各类资源的投入，满足目标顾客需求的产品和服务逐渐被生产出来；而以这些产品和服务为载体的价值不是在某一个产业链环节一下子被创造出来，而是在整个产业链中逐渐形成并不断增值的过程。在产业链的成本—收益分析中，对产业链的某一个企业而言，成本大于收益时，企业的价值创造通过两种方式来实现：以差异化创造价值，原因是企业对产品或服务某种程度的垄断；或者以低成本创造价值，原因是企业通过规模经济、技术革新、低成本的原材料、低成本营销等阻碍新企业进入市场并降低竞争激烈程度，从而垄断市场创造价值（莫林，杰瑞尔，2002）。（2）价值创造和形成贯穿产业链的所有环节。产业链作为具有同类属性的组织或市场之间的关系，是站在纵向一体化角度来考虑产业内企业的协调和合作，以实现产业价值最大化。产业链是一个上下游企业紧密衔接、环环相连的产业链条；而价值链始于产品或服务创意和设计，形成于资源整合完成产品或服务的生产，终于顾客对产品或服务的购买与消费。可见，价值链贯穿于整个产业链，两者是不可分割的关系。

产业链和价值链的区别主要是：（1）出发点不同。产业链的研究是从整个产业出发，涉及整个产业及产业内的组织及其产品或服务。而价值链的研究，一方面可以从股东和企业所有者的角度来考察价值创造和传递效果；另一方面，则可以从顾客角度出发，考察企业产品或服务为顾客带来的利益和满足。尽管这两个角度是同一事物的两个方面，但是它们关注的焦点不同。共创价值模式下，则以系统观念分析价值链，考察顾客对价值形成过程的影响及其感知价值的内容。（2）实质不同。从其实质来看，产业链是形式，价值链是本质。产业链表现为产业内各种组织及市场之间的关系，是物流和信息流经过的通道和路径；而价值链则是实物创造为主、非实物的服务提供为辅的一系列价值经营活动。产业链的构建和调整是为了服务于价值链，使价值链能够更加有效通过资源整合创造和提供有竞争优势的价值。（3）主体不同。产业链的研究主体一般是产业或产业协会，或者是为了产业规划和管理为目的的政府部门。而价值链的研究主体一般是公司股东，更多的是考察企业价值链为企业所有者创造的利益；共创价值视角下的价值链研究更多的也是为了企业决策服务。（4）关注的重点不同。产业链关注的是产业内组织和市场之间的协调和合作，以便理顺产业关系，使产业整体的运行效率更高；而价值链关注的价值创造和传递的效率以及被市场接受所带来的效益，特别是价值链的不同环节的价值增值程度和效果（莫林、杰瑞尔，2002；张莉，2008；王琴，2010）。

因此，产业链和价值链的理论研究是无法割裂的。只有分析产业链不同组织和市场之间的关系，理顺物流和信息流，才能实现产业内的协调和合作；而只有从价值链角度分析价值的形成和增值过程，才能针对顾客需求进行价值设计和生产及有效传递。

2.4　营销能力理论

营销能力（Marketing Abilities）理论的研究，是随着市场营销理论的逐步发展和完善而不断得到发展的；同时，营销能力的许多理论也基于经济学、管理学理论的发展演变。但是，目前对于营销能力理论的研究并不系统全面，主要的研究集中在营销能力的内涵、营销能力的来源（或类型）、营销能力的衡量标准等几个方面；通过对营销能力的研究，主要是为了确定企业为顾客创造价值的能力，以及通过对动态环境的分析发挥企业营销活动适应外部环境的作用（韩德昌等，2010）。

2.4.1 营销能力的内涵和来源

对营销能力内涵的探讨，始于对企业能力研究。国外普遍认为，企业能力理论可以追溯到亚当·斯密的劳动分工论。目前被接受的观点是，企业能力主要是特殊物质、特殊资源或者是在其基础上发展起来的一种特殊能力（Selnic，1957；Lippmon and Rumelt，1982；Prahalad，1990s）。国内的研究者则认为，资源不能自动成为企业能力，企业能力是通过利用资源实现资源增值并为顾客创造价值的能力（李大元、项保华等，2009）。如果拥有资源，但是企业不具有识别资源特殊价值或者利用资源实现顾客价值增值的能力；那么，即使拥有资源，企业也不具备相应的能力。可见，资源和能力之间不能画等号。石军伟（2012）认为，企业核心能力来源于顾客价值，如何将企业资源最大程度地、有效地转化为顾客认可的价值，使企业获得竞争优势及企业能力的途径之一。

在对企业能力的探讨中，研究者们开始对构成企业能力的各个要素进行分析，营销能力理论就是在这种背景下出现的。对于企业营销能力定义的研究，尽管众说纷纭，有的学者认为营销能力是企业能力的构成要素；有的学者认为营销能力是独立于企业（竞争力）能力以外的能力，或者是企业能力的物化或外显[①]。但是，一般理论界多数认为，营销能力是企业能力的一种，离开了企业这个研究主体，讨论营销能力是没有意义的。作为企业能力的子能力，学者们也从不同角度给出了营销能力的定义。

早期研究者把营销能力看作企业内外环境与营销相关的人力资产、市场资产和组织资产的复合体（Möller and Anttila，1987），可见企业内部资源、外部环境及其与市场营销的协调能力是关键。其中，戴伊（Day，1994）的研究指出，市场感知能力、顾客联结能力管理和渠道结合能力是市场驱动型组织与营销职能密切相关的能力。这一研究奠定了营销能力理论研究的基础。韦伯斯特（Webster，1992）认为营销能力具有层次性，应该从文化、战略、策略三个层面来理解营销能力。还有的研究者认为，营销能力是企业在营销活动中满足目标顾客需求过程中形成的技能（Carson and Gilmore，1993）。随着营销理论的发展，还有的研究者认为，营销能力是企业利用所拥有的市场知识和营销手段在外部市场成功定位的能力（Knight and Dalgic，2000），强调市场定位对企业营销活动的重要性。此外，市场营销环境更加多变，企业经营不确定性带来的风险日益严重地影响企业

---

① 刘玉来、张襄英：《企业营销能力研究评述》，载《河南社会科学》2005年第13（2）期，第82~85页。

的安全，因此，有研究者提出企业在多变的市场环境下重新设计和开发组织过程来创造新的顾客价值的能力就是动态营销能力（或营销动态能力），使企业适应市场和技术变化的能力（Srivastava，Shervani and Fahey，1999；Foley，Vorhies and Bush，2005；Bruni and Verona，2009）。此外，迈克尔·希特（2003）在战略管理研究中，也特别对营销能力的内涵进行了分析。希特认为，企业拥有的劳动力资源、财务资源、原材料等有形资源，知识、品牌、声誉、信任关系等无形资源，以及这些资源的组合，是企业能力的来源。在知识经济时代，企业能力在很大程度上取决于组织的学习能力和企业高层对市场机会的判断能力。在竞争性市场环境中，企业能力表现为核心竞争力创造顾客价值的能力。企业能力通常在不同的功能性领域，例如生产、研发、管理、市场营销等领域；或者是在某一功能性领域的部分领域得到发展，例如可口可乐等在市场营销领域中具有的品牌推广能力。希特把市场营销的企业能力总结为品牌推广能力和顾客服务能力[①]。里德尔等人（2005）认为，在网络营销环境下，企业可以根据顾客偏好的相关性建立自动化群体推荐系统，通过规模定制实现对顾客需求的个性化满足。因此，网络营销条件下，营销能力实际上就是企业为顾客提供的一种群体筛选能力。随着互联网的普及和广泛应用，使得企业营销效率和营销能力大大提高。互联网通过提高营销效率和降低营销成本，使买卖双方获得更多的利益：产品或服务的可获得性更加透明；买卖双方更容易找到对方；价格比较更简单易行；克服了买卖双方交流的时空距离等，这也意味着企业营销能力的提升（Walters，2008）。因此，营销能力理论的研究要结合具体的产业特征和营销环境。

　　国内学者在总结前人研究基础上，给出了营销能力的定义（刘玉来、张襄英，2005），同时，在市场环境变化的情况下，也与时俱进地提出了"营销动态能力"的概念（Fang and Zou，2009）。国内有关研究还包括：营销能力是增加顾客价值和获得竞争能力的能力（韩德昌，2010）；营销能力与企业创新行为的密切关系（梁博、李颖超等，2012；李清政等，2011）；营销能力对企业创新有积极的影响（于建原等，2007）；营销能力对提升企业绩效有一定影响（李巍等，2011）；营销能力包括的类型（陈钦兰等，2010）。此外，还有营销能力的培育（刘占亮，2010；谭俊华，2010）、不同类别企业营销能力的评价与分析（陈成程，2004；刘玉来，2005；冯燕芳，2011）、企业营销能力的提升措施（曹鹏飞，2007；何俊海，2012）等方面的研究。但是，从总体上看，国内在营销能力的内涵研究上也还没有形成比较一致的看法。

----

① 迈克尔·A·希特，R. 杜安·爱尔兰、罗伯特·霍斯基森：《战略管理：竞争与全球化》，机械工业出版社 2003 年版，第 90～103 页。

营销能力的内涵包罗万象，研究的出发点不同，得到的结论也截然不同。我们把有代表性的营销能力内涵的观点总结如表2-4所示。

表2-4 营销能力的内涵与来源及主要研究者

营销能力的内涵	主要的研究者
营销能力是企业内部资源与外部环境的协调能力	穆勒和安蒂拉（Möller and Anttila, 1987）
营销能力是企业提供营销活动满足目标顾客需求的一种营销技能	卡尔森和杰明（Carson and Gilmore, 1993）；韩德昌（2010）
营销能力是与营销职能密切相关的市场感知能力、顾客联结能力及渠道结合能力	戴伊（Day, 1994）
营销能力是企业利用市场知识和营销手段在外部市场成功定位的能力	奈特和戴吉克（Knight and Dalgic, 2000）
营销能力是企业适应市场和技术变化成造顾客价值的能力	斯里瓦斯塔瓦、申瓦尼和费伊（Srivastava, Shervani and Fahey, 1999）；弗利、沃赫斯、布什（Foley, Vorhies and Bush, 2005）；布鲁尼和维罗娜（Bruni and Verona, 2009）
企业的营销能力主要包括品牌推广能力和顾客服务能力	迈克尔·希特（2003）
网络环境下的营销能力实际上是企业为顾客提供的一种群体筛选能力	里德尔（2005）；沃尔斯特（Walters, 2008）

从表2-4中我们可以看出，研究者们对企业营销能力内涵的研究已经超出了企业的范畴，考虑到外部环境以及技术变化对营销能力内涵的影响。可见，营销能力不仅是企业在内部资源、能力基础上形成的，也离不开外部条件的影响。在企业环境依赖性不断增强的情况下，环境的影响力尤其不可忽视。

2.4.2 营销能力的形成及其影响因素

企业营销能力的形成是一个长期渐进的过程，它不仅与企业本身的资源能力有关，而且也与企业生存发展的环境有直接关系。营销能力在孕育、发展过程中，会受到市场知识、组织学习、企业战略、组织结构、外部环境等各种因素的影响。

营销能力首先表现为企业员工和营销人员的素质和能力。任何能力的形成首先要依赖于营销人员的知识和技能（Grant, 1996），因此，营销能力也是企业营销人员在运用其知识或技能解决营销问题过程中形成的。营销人员的知识和技能取决于市场知识的获得和对市场知识的管理水平，因而市场知识与市场知识管理能力对营销能力的形成至关重要（Liu，Wang，2007；高芳，2008）。营销能力的形成不仅与企业员工素质密切相关，而且也与组织学习能力密不可分；强有力的组织学习能力可以实现知识的有效转化，有利于对市场环境的洞察，并帮助企业塑造识别、构建、提升营销能力，从而提高企业竞争优势（Vorhies，Morgan，2005；O'Cass，Weeraw，2009）。现代技术的迅速发展，以及计算机和互联网的广泛普及，对组织学习、员工技术等都提出了更高的要求。特别是非结构性大数据的出现，从反馈、个性化以及概率预测等方面重新塑造了组织学习的特征，基于大数据的决策已经成为当代社会企业运行的基础，通过整理大数据样本获得的客观证据成为科学决策的依据（Mayer – Schönberger，Cukier，2015）。这样，原来依靠传统经验的管理模式将逐渐被淘汰，依靠科学预测结果的现代管理模式将呈现强劲势头。

除了市场知识因素和组织学习因素之外，国外的实证研究表明，组织战略和组织结构对营销能力的形成有积极的促进作用（Vorhies，1998；Fang and Zou，2009）。还有的研究者认为，"营销 + 销售"整合能够促进企业基于市场的组织学习、市场感知和顾客联结等三类营销能力的发展（Guenzi，Troilo，2006）；同时，企业创业强度、创业导向和创业精神对企业营销能力的形成和发展都具有正向的影响作用（张骁、王永贵、杨忠，2009）。

考虑到企业生存发展都要依赖外部的市场环境，因此，营销能力的形成和发展也受到外部环境的影响。当面对一个全新的市场，一种刚刚开发出来的技术手段，一种新的消费趋势和生活方式等，对企业而言，都意味着市场机会和市场威胁。因而任何企业只有具备较强的环境适应能力和对市场变化的反应速度，才能在瞬息万变的市场中存活下来。学者们关于市场环境对企业营销能力形成和发展的影响，主要聚焦于环境变化对企业营销能力形成、发展的影响（Vorhies，1998；Fahy，2000）。

根据以上分析研究，我们了解到，营销能力的影响因素包括企业内部因素和企业外部条件两个方面。具体内容如表 2 – 5 所示。

表 2 – 5   营销能力的影响因素及研究者

营销能力的影响因素	主要研究者
企业员工和营销人员的知识和技能	格兰特（Grant，1996）
市场环境的变化	沃赫斯（1998）；法伊（Fahy，2000）
组织战略和组织结构	沃赫斯（1998）；方和周（Fang and Zou，2009）

营销能力的影响因素	主要研究者
强有力的组织学习能力	沃赫斯、摩尔根（Vorhies，Morgan，2005）；奥卡斯、韦奥（O'Cass，Weeraw，2009）；迈尔 – 舍恩伯格、库尔克（Mayer – Schönberger，Cukier，2015）
"营销 – 销售" 整合程度	古昂泽、特洛伊罗（Guenzi，Troilo，2006）
市场知识与市场知识管理能力	刘、王（Liu，Wang，2007）；高芳，2008
企业创业强度、创业导向和创业精神	张骁、王永贵、杨忠，2009

从表 2 – 5 可以看出，影响营销能力形成的因素既包括企业的员工素质、战略选择、组织结构、学习能力等，也包括企业在营销活动中对市场知识的获取以及使用的状况；还受到日益变化的市场营销环境的营销。

2.4.3 营销能力的测量

营销能力测量指标是营销能力理论的重要组成部分，也是对企业营销能力定量分析的重要依据；同时，确定营销能力测量指标，也可以在一定程度上增加理论的可靠性和有效性，准确反映市场营销对企业成长的贡献（Roger J. Best，2009）。

营销能力衡量指标必须与营销能力的内涵相对应，反映营销能力影响因素对企业营销能力水平的影响程度；同时，营销能力测量指标也要衡量出企业的市场表现。关于营销能力衡量指标的研究，目前还比较少；由于样本企业选择及数据收集的困难，更少落实到实证研究中。国外关于营销能力测量指标的研究主要关注测量内容、范围等方面的探讨。韦伯斯特（Webster，1992）提出的"营销战略能力 + 营销策略能力"的营销能力测量维度；科特勒（1999）提出的检验营销能力的 12 项指标，包括 4Ps 组合效果、销售人员工作效率、企业的市场信誉；等等。但是，这些关于营销能力测量的研究主要集中在概念的讨论上，没有形成具有操作性的评价体系和指标。还有一些研究者通过设计量表，着力于将营销能力测量指标用于实证研究中。沃斯（Vorhies，1998、1999）采用 4Ps 框架设计量表，对营销能力进行测评；后来，他对营销能力测量的内容进行了扩展。沃斯和另一位研究者哈克（Harker and Vorhies，2000）设计出来一份完整的营销能力测量量表，包括市场分析能力、营销管理与计划能力、4Ps 能力等五个层次；摩根和沃斯（Morgan and Vorhies，2005）又提出企业营销能力应该市场信息管理、营销计划与营销执行、营销沟通、销售、产品开发、定价和渠道管理。格林勒

（Greenley，2005）的研究认为，营销能力主要测量指标是企业与客户的关系，包括与核心客户关系的建立、与核心客户关系的维护和发展这两个主要指标。贝斯特（Best，2009）认为，营销能力的测量，主要是对营销盈利能力的评价，实际上可以通过营销绩效指标反映出来；并且从财务角度和市场的成长性两个方面，具体提出了可以采用的财务绩效指标和营销绩效指标，并对两者的优缺点进行了对比分析。

国内关于营销能力测量的研究主要有林媛媛（2005）提出的营销能力测量的主体结构概念、吴泗宗（2006）提出的企业持续营销能力测量结构概念，还有于建原（2007）设计了营销能力测量量表，以研究营销能力对中国企业自主创新行为过程的影响。王微微（2014）在整合前人研究基础上，提出了自己的营销能力测量指标及相应的初始量表；她认为营销能力的测量应该包括信息管理能力、营销管理能力、顾客关系管理能力、营销战术能力及市场影响力五个基本结构概念；五个基本结构概念下又分别包括不同的子结构概念。

从现有研究成果来看，营销能力作为一个综合性概念，包括丰富的内容；营销能力的测量也需要有综合性的指标体系才能反映营销能力水平。目前的营销能力测量指标主要以 4Ps 框架为核心，围绕战略、策略两个方面进行展开；尽管有文献从顾客关系、企业声誉、品牌影响、顾客价值等方面内容，但是缺乏可操作性，结构概念的分析不全面，主观随意性强。

2.4.4　营销能力理论评述

研究者们对营销能力主要包括哪些能力，并没有统一的看法和观点。在不同的时期，研究者们认为营销能力的重点不同。比较一致的看法是：营销能力是一种基本技能；营销能力是由企业员工素质及学习能力决定的能力；同时也是组织战略、组织结构影响下形成的能力。此外，营销能力受到外部环境的影响和制约，对外部环境的适应性也体现了企业营销能力的水平。

营销能力理论从不同角度分析了营销能力的类型、评价方式以及提升途径，使市场营销成为产品或服务价值增值、价值实现过程中必不可少的一个环节。

但是，目前的理论研究的缺陷在于：（1）理论分析缺乏全面型。企业没有把营销能力的培育作为一个系统的过程来考察，而多数局限于营销领域或者是市场领域内的特定企业来探讨如何培育营销能力。因此，相应的营销能力培育措施就具有相当的局限性。因为，营销能力不仅仅是在营销环节中产生和孕育的，而是在整个产业链中逐步培育、发展起来的。因此，单纯就市场营销领域来探讨营销能力问题也会存在以偏概全的危险性。（2）理论研究缺乏典型指导性。不管是顾客价值理论还是营销能力理论，应该具有一些普遍具有指导意义的基本理论原则，才能对理论研究或实际操作具有一般性的指导意义。但是，从目前营销能力理论研究成果来看，缺少一般性理论的分析和总结，多数属于具体产业、特殊企业的个案研究。顾客价值理论研究越来越多地探讨具体的产品或服务应该包含哪些价值要素，不同产业或者是企业如何增加顾客价值或降低顾客成本（例如，超市或者航空公司等如何增加顾客价值，减少顾客成本）；营销能力研究目前主要集中在企业竞争能力、盈利能力、动态能力等方面（Port，1998；Dyer，2002；Kale P. 2002；Teece，2007；MceEvily C. 2005）。这些研究主要是基于企业资源、管理等方面能力研究，并没有把营销能力的培育和提升作为一个系统、整体的活动过程来考察，定量研究缺失，因此，有失偏颇。要想对营销能力理论研究形成系统、全面的理论框架和理论体系，就需要综合考虑内外因素，才能形成比较有说服力的研究结论。

2.5　研究问题的提出

基于以上研究，笔者试图从共创价值视角出发，根据价值形成过程理论来分析营销能力培育的相关问题，并结合海洋渔业产业和企业运作的具体情况，努力探索海洋渔业企业如何培育有效的营销能力问题。因为，营销能力作为一种促进价值交换的能力，需要考察在整个价值形成过程中，可以通过营销努力从哪些方面增加价值，或者降低成本，以提高价值形成的效果。

"基于顾客价值形成过程的海洋渔业企业营销能力培育研究"，主要是从整个海洋渔业产业链出发，在廓清价值形成过程以及基本内容的前提下，研究海洋渔业企业营销能力培育以及提升的相关问题，进而为提高我国海洋渔业产业的整体市场竞争力和营销能力提供借鉴。

第3章 海洋渔业企业营销环境分析

海洋渔业企业市场经营活动不可避免地受到营销环境的影响，营销环境的改变会促进或阻碍企业营销能力的培育与提高。宏观环境分析既能够为海洋渔业企业的发展明确市场机会，也会进一步发现阻碍企业成长的市场威胁；中观环境分析则可以帮助企业了解产业发展态势，以及自身在产业内的地位和作用；微观环境分析则可以帮助企业了解自己的优势和劣势，从而在市场营销活动中扬长避短。随着时代进步，海洋渔业企业的营销环境发生了翻天覆地的变化，传统的营销思想和营销工具必须适应环境的变化而变化，才能获得持续的发展。

3.1 宏观环境分析

对海洋渔业企业价值形成过程及其营销能力的培育具有重大影响的宏观环境因素，包括政治因素、经济因素、社会文化因素、技术因素等方面。

3.1.1 国家海洋渔业政策和法律不断完善

我国海洋政策和法律的发展变化势必会对海洋渔业企业的发展产生直接或间接的作用。党的十八大报告提出，我国要提高海洋资源的开发、应用能力，大力发展海洋经济，进一步保护海洋生态环境，建设海洋强国。由众多的海洋渔业企业构成的海洋渔业产业是海洋经济的重要组成部分，其发展水平在很大程度上体现了一个国家对海洋资源的开发、利用能力。

海洋资源在我国经济发展中所发挥重要性越来越多的凸显出来，因此，开发利用海洋资源、保护海洋环境等就提到国家议事日程。特别是进入 21 世纪以来，世界各国对海洋海域的争夺日趋激烈，为了保护国家权益，充分发挥海洋资源在我国经济建设中不可替代的作用，我国政府出台了一系列政策法规等，把海洋资源的保护和利用提高到国家策略层面。特别是国务院制定的《全国海洋经济发展规划纲要》（2001 年）、《全国海洋经济发展"十二五"规划》（2013 年）等纲领性文件的出台，为我国海洋资源的利用和保护、海洋发展战略规划了切实可行的道路，也表明了海洋经济成为社会经济发展全局中的战略重点。海洋渔业企业在促进海洋积极发展、保障国家粮食安全方面发挥着特别重要的作用。

为了保护各国的海洋权益，避免"公地危机"，《联合国海洋公约》（1982）在保护海洋资源、规范各国海洋开发行为方面起到了一定的作用。新中国成立以后，我国政府部门进行了一系列海洋立法工作，例如全国人大及其常务委员会制定、国务院颁布执行的国家法律包括《中华人民共和国海洋环境保护法》（1982）、《中华人民共和国邻海及毗邻区法》（1992）、《中华人民共和国海商法》（1993）、《中华人民共和国专属经济区和大陆架法》（1998）、《中华人民共和国涉外海洋科学研究管理法》（1999）、《中华人民共和国海域使用管理法》（2002）、《全国海洋功能区划》（2002）、《全国海洋经济发展规划纲要》（2003）、《防治海洋工程建设项目污染损害海洋环境管理条例》（2006）、《国家海洋事业发展规划计划纲要》（2008）、《中华人民共和国海岛保护法》（2009），等等。根据政治、经济发展变化的具体情况，其中一些法律法规曾经多次修订增补。除此之外，我国海洋立法还有一系列国家法规性文件、地方法规性文件。

我国的海洋渔业政策和法律法规，保障了我国海洋渔业经济持续稳定的发展，并在进一步加强海域使用规划、海洋渔业企业的可持续发展方面发挥着指导性的作用。同时，按照科学开发、规范使用以及持续发展的原则，以上海洋渔业政策和法律还可以切实加强海域使用的宏观指导与调控，合理调整海域使用布局，逐步实现以规划促规范，以规范促发展，为海洋渔业的发展提供长期有效的保障。

3.1.2 经济环境的快速变化

对海洋渔业企业产生显著影响的经济环境因素主要包括经济发展带来的人们消费水平的改变，以及支出结构变化带来的人们消费方式的改变。改革开放以来，我国经济持续快速发展，使人们的生活发生了翻天覆地的改变，人们的收入水平不断提高，如表 3 - 1 所示。

表 3－1	中国近年来人均收入水平的变化	单位：美元
年份	人均国民收入	人均 GDP
2000	930	949.18
2001	1000	1041.64
2002	1100	1135.45
2003	1270	1273.64
2004	1500	1490.38
2005	1740	1715.03
2006	2010	2027.34
2007	2410	2566.43
2008	2940	3266.51
2009	3500	3711.00

资料来源：根据 2001～2009 年《中国统计年鉴》有关数据整理。

　　表 3－1 表明了我国近 10 年来，我国居民人均收入水平不断提高，并随之带来的是居民支出结构的不断变化，消费方式也呈现出多样化的特征。支出结构在很大程度上反映了居民生活质量和经济发展水平。经济越发达，居民的支出结构越倾向于追求安逸享受及健康时尚的消费结构。在食品消费结构中，居民越来越倾向于那些营养丰富、安全可靠的高价值产品，海产品就是其中增长迅速的产品类型之一。在网上进行的一次居民海产品消费情况调查中，我们发现居民购买消费海产品的主要原因是为了增加营养价值、满足家庭生活之需。而在购买消费的海产品类型中，海洋鱼类产品是最主要的一种，购买消费比重高达 85.48%。此外，在收入水平提高的情况下，家庭比较富裕的居民越来越注重个人身体健康，因此对保健品的需求也不断增加，而深海鱼油、软磷脂等在市场上深受欢迎，消费者数量众多。

　　经济发展对群众的消费方式也产生深远的影响。按照恩格尔定律，在收入水平提高的情况下，人们在食品、住宅等基本生活需要方面的支出变化并不明显，而在健康、娱乐、保险等的支出有显著提升。同样，海洋渔业产业是包括很多企业类型在内的产业体系，不仅有提供海洋食品、保健品在内的企业；还有利用海岸带、海岸以及各种海洋自然景观、人文景观形成的综合性的旅游服务企业，以满足消费者的各种心理、精神等方面的需求。例如，近海区域的海水养殖企业，既可以提供各类海水养殖产品以满足市场对海洋食品的需求，也可以利用养殖区域营造各类景观满足市场对海洋旅游、近海垂钓、海洋水族生物、海洋观光等不同消费者的需求。对于海洋旅游、海洋观光的顾客来说，近距离参观现代化海水养殖企业，既可以增加对海水养殖企业的了解，也可以熟悉自己日常购买消费的海洋鱼类的生长发育过程。对喜欢在海上钓鱼但又不愿意冒险的游客而言，也可以体验垂钓的乐趣。对于中小学生而言，海水养殖企业又是一个很好的科学实践场所。可见，经济环境的变化也为海洋渔业企业提供了很多市场机会。企业只有通过经济预测来发现市场需求及其变化趋势，才能因势利导利用市场机会开发各种新的产品和服务，以谋求经济长期稳定地发展。

3.1.3　海洋自然环境的不稳定性

海洋自然环境的不稳定性造成了海洋渔业企业生产经营的不稳定性。特别是在靠天吃饭的年代，海洋渔业企业的发展受到海洋自然环境的制约和影响。海洋自然环境主要是指营销人员所需要的各种投入或者是受到企业营销活动影响的海洋资源。海洋资源是形成和存在于海水或海洋中的各类资源，包括大量的海洋生物，海水中的化学物质，海水蕴含的能量与热量，滨海、大陆架以及深海海底蕴藏的各种矿藏等资源。海洋渔业企业所需要的资源以各种海洋生物资源，特别是海洋鱼类为主的捕捞、加工企业，将受到海洋自然环境的制约。渔业资源具有种类多样化与区系复杂性、种群独立性与分布区域性、资源生物量生命周期短、自成洄游体系等特点，如果合理使用，海洋渔业资源可以实现永续利用。但是，目前的海洋渔业资源的过渡捕捞、海洋环境的污染等造成了海洋自然环境的不稳定性。

海洋渔业企业自然依赖度高。目前，海洋渔业企业很大程度上是靠海吃饭，气候、自然环境等造成的海洋环境的不确定性将影响渔业资源及企业的生产和发展。相对来说，陆地上企业经营发展中的不确定性在某种意义上具有可控性，但是海洋渔业企业的经营发展面对的海洋环境的不确定性具有自然性和不可抗拒性。主要表现为以下几点：

第一，生产经营环境的不确定性。一切海洋鱼类的生长、发育和代谢都与其生长的环境密切相关。海洋渔业资源对栖息水域的环境因素，比如温度、盐度、水流、水质、溶氧量、营养盐等的变化有很大的敏感性，因而其数量、质量常常出现波动。虽然海洋渔业的生物种群对环境的变化有一定的适应能力，但也有一定的耐量范围，超出耐量就严重影响它们的繁殖和生长，甚至引起大量死亡，导致其数量发生波动。赖此生存、发展的渔业企业也会直接受到影响。因此，海洋渔业企业由于原料、原材料的不稳定性，其生产经营活动也受到相应影响。

第二，对不同海洋渔业类型生理特征的规律性认识不足，在一定程度上也对海洋渔业企业的生产造成了不确定性影响。按照鱼类生活方式，海洋渔业大致可以分为浮游渔业、游泳渔业和底栖渔业三大类。海洋渔业资源除少数底栖渔业外，绝大多数海洋渔业资源因生理要求、遗传因素及外界环境因素等影响，形成有规律的洄游、密集滞游，产生鱼汛，这和森林、草原资源以及矿物资源是不同的。人们掌握鱼汛时机是获得海产品高产的重要条件。但人类对自然规律的认识还不够深刻，对渔业资源丰歉的客观原因较难准确预测，又受捕捞技术水平的局限，往往造成捕捞投入与捕捞产出不成比例，产量忽高忽低，从而影响渔业成本与企业经济效益。

第三，作为一种生物资源，海洋渔业资源具有一定程度的自我更新和再生性。一方面，生物资源特有的自然生命周期决定了海洋渔业资源可以通过自身的繁殖、补充和死亡以及水体的自我净化等过程，使资源得到更新和再生。另一方面，由于受到其生态环境中多种因素的制约和限制，海洋渔业资源再生能力又是有限的。由于海洋渔业资源本身的再生能力有一定的限度，因而每年的渔获量也应有一定的限度，这对海洋渔业企业捕获渔业资源的数量和质量有着直接或间接的影响。但是长期以来，人们对此认识不足，普遍存在对海洋资源的掠夺式开发和使用，造成海洋资源无法在短期内实现更新和再生，严重影响了海洋渔业企业的可持续性发展。

为了降低海洋自然环境的不稳定对海洋渔业企业生存、发展的影响，提高海洋渔业企业满足市场需求的能力，越来越多的国家和政府大力开展冷冻仓储、海水养殖等，以补充海洋捕捞数量的不足，降低海洋捕捞产量波动造成的市场供求波动。海水养殖在现代社会中起着越来越重要的作用，据世界渔业协会的统计，截至 2003 年，海水和半咸水养殖的产值从 30 年前的不足 9% 提升到当年的 41%；2008 年海水养殖的产值比重接近 70%。[①] 当然，如何使海水养殖业的供应与市场需求有效地结合起来，还需要企业进行细致的市场调查，同时，采用先进的养殖技术和病害防治技术提高海产品的产量和质量，以便使不同层次的需求水平都能够得到满足。尽管海洋自然环境的不稳定性具有一定程度的不可抗拒性，对海洋渔业企业的生产经营产生深远的影响；但是，采取上述措施还是可以在一定范围内减轻自然环境不稳定给海洋渔业企业带来的负面影响。因此，对于海洋渔业企业而言，掌握海洋自然环境的规律性具有重大意义。

3.1.4　技术环境对海洋渔业企业的广泛影响

对海洋渔业企业的发展产生重大影响的环境因素还包括科学技术的创新和广泛应用。新兴技术创造了很多新的市场和机会，它为那些能够跟得上技术发展并

---

① 张平远译：【英】《Fisheries》，载《现代渔业信息》2012 年第 20 卷第 6 期，第 36 页。

抓住市场机会的企业，开创了新的发展道路；相反，那些无法掌控技术更新的企业，其产品或服务很快会被市场所淘汰，在整个产业链中因为无法为顾客创造价值而失去了生存、发展的理由。技术对海洋渔业企业而言，既意味着机会，也意味着威胁，关键在于企业对市场技术环境的适应能力。

从我国海洋渔业的整体发展来看，企业用于技术创新的研究与开发费用远远不能满足产业和企业发展的需求。不同的海洋渔业企业，从远洋捕捞企业到近海养殖企业都需要有新的技术支撑才能有更好的发展前景。远洋捕捞企业需要设施优良、足以抗击海上风浪的远洋航行船只，科学准确的鱼群定位系统，以及对海洋气候的科学预测，才能安全、有效的运营。近海养殖企业也需要有科学的养殖技术，稳定、可控的养殖环境，以及对市场需求的充分了解，才能获得良好的经济效益和社会效益。但是，所有的技术研发，包括远洋船只的设计生产、海洋气候的准确预测、养殖技术的开发运用，等等，都不是单独一个企业所能解决的。现代市场的研发工作，往往需要一个团队协作才能完成的。只有专业机构及众多企业共同组成的研发团队，并在营销人员参与的情况下，才能保证研发的成果不仅具有技术上的先进性，而且还具有商业上的推广价值。但是，目前我国海洋渔业企业更多地着眼于短期利益和一时得失，缺乏长远发展的战略规划，同时，专业研究机构及企业与企业之间的技术合作非常少，缺乏同类企业之间的战略联盟，更没有企业共同的研发投入。即使有个别企业开展产学研合作，投资于技术开发和应用，但是也远远不能满足市场的需求。未来海洋渔业企业技术研发需求量巨大，需要产、学、研一体化，更需要企业增加投入，加强业界合作。

信息技术等的广泛应用也使海洋渔业企业的生产经营、市场营销等方面有可能采用完全不同的发展道路和发展模式，进一步缩短生产与消费的时空距离，消费者的购买消费模式也会随之改变。例如，网络技术的广泛应用和电子商务的迅速发展，使海洋渔业企业的营销活动可以完全采取不同于传统企业的营销推广模式，网络平台大大缩短了企业与顾客之间的时空距离，营销渠道趋向于短平化，信息传递速度加快，供需衔接更加紧密，由此带来了顾客的交易成本降低，价值收益增加，顾客满意度提高。信息技术也使产业链上下游企业的关联程度加深，企业与企业之间的合作加强。我们以海水养殖企业为例，企业养殖的海产品能否有效满足市场需求，不至于出现供应不足或者产能过剩等情况，就必须准确了解目标市场的需求情况及其变化趋势。如果产业信息平台能够运用产业链或价值链理论来指导企业的运营及营销活动，保证信息在企业内部和企业之间的顺畅传递，那么海水养殖企业可以根据市场需求量和需求类别预先调整自己的生产安排，根据市场需求合理规划养殖的品种和规模，不跟风，不盲目，才能更好地实现对市场需求的有效满足。

3.1.5　人口统计环境的基础性影响

海洋渔业企业服务于人口组成的特定市场，与人口统计有关的环境因素对企业有基础性影响。人口统计指人口规模、人口地理分布、年龄结构、性别、种族、职业和就其他一些统计变量所进行的人口研究工作。人口统计环境与企业的市场营销为之服务的对象是直接相关的，因此，人口统计环境也是海洋渔业企业营销工作者非常关注的一个领域。

对海洋渔业企业生产经营活动产生显著影响的人口统计环境包括人口年龄结构的变化，家庭模式的变化，人口地理分布的变化等方面。海洋渔业企业产品或服务内容不同，所服务的目标市场的人口结构不同；家庭模式的改变，带来了消费内容、消费方式等方面的不同；人口地理分布的显著变化是大量人口从农村涌向城市，随之带来的是消费内容的明显变化。

具体来看，我国人口年龄结构的变化，突出表现在人口老龄化日益严重，60岁以上老年人在全国人口中所占的比例逐年上升。据 2014 年 10 月的最新统计[①]，全国老年人所占比例为 14.90%，老龄化平均增长速度为 4.7%。中国老龄化发展趋势显著，2014 年老龄人口超过 2 亿人，2025 年将达到 3 亿人，2050 年全国老年人的人口比例将超过 30%。我国已经全面进入老龄化社会（Aging Society）阶段，这对社会生活的方方面面都将产生深远的影响。老年人市场的日益庞大，对适合老年人需求的产品、服务的购买、消费数量将会不断上升。海洋渔业企业的产品具有营养价值高、种类繁多等特点；同时，海洋渔业企业还可以提供品类繁多的服务，能够满足老年人对养生、保健、娱乐等方面的多种需求，因此，相应的营销活动可以激发越来越多老年人的购买欲望。这是海洋渔业企业应该关注的一个巨大的成长性市场。

人口统计环境对海洋渔业企业的影响还体现在家庭模式的变化方面。家庭模式的改变，带来了消费方面的变革。中国社会、经济等的急剧变迁，传统的大家庭模式逐渐消失，三口人构成的计划生育家庭约占 70%。随着二胎政策的实施，四口之家以及其他单亲家庭、丁克家庭、隔代家庭等的比例也不断上升。家庭模式的变化，使家庭原来维持生存、发展的经济功能减弱，而情感、消费、照料、安全和娱乐等功能日益增强[②]。此外，由于家庭收入水平不断上升，可支配收入

---

① 根据 2014 年 10 月 8 日《青岛晚报》的相关资料整理。
② 王培安：《中国家庭发展报告 2014》，国家计生委，2014 年 5 月 14 日。

增加，加上社会保障体系逐渐完善，中国家庭储蓄率降低，平均消费能力日趋上升，家庭在消费品领域和服务消费领域的消费量都明显上升。海洋渔业企业产品、服务的多样化，可以满足家庭消费的多样化需求。例如，海洋鱼类产品，可以满足食品、营养、健康等方面的消费需求；依托海洋资源建立的海洋度假村可以满足家庭对娱乐、情感、照料等方面的消费需求。因此，海洋渔业企业在满足家庭多样化需求方面大有可为。

此外，人口地理分布越来越呈现出城市化、集中化的趋势，大量乡村人口开始向城市转移，由此也带来了居民消费方式和消费内容的变化。我国长期以来存在经济"二元化"发展格局，造成城乡居民收入差距大，城市居民的收入水平和消费能力明显高于农村。随着我国经济的快速发展，城市化进程加快，大量农村剩余劳动力转移到城市的各行各业，收入水平提高，消费观念转变，消费能力也随之提高。新增城市人口消费的一个非常显著特点是：用于改善生活、提高生活质量的开支增加，用于休闲、娱乐等方面的支出也处于不断增长中。在城市人口基数不断增长的情况下，海洋渔业企业所提供鱼虾贝等初级产品以及其他相关服务，就会有更大的市场需求潜力。可见，城市化对海洋渔业企业而言，是一个利好消息。

总之，国家海洋政策的出台、经济的快速发展、自然环境的不稳定性、技术进步等宏观环境的变化，对海洋渔业企业来说，既意味着巨大的市场机会和发展良机，也隐含着一系列的市场威胁。海洋渔业企业需要寻机而动，尽量适应宏观环境改变给企业带来的新挑战、新机遇，并不断提高企业的市场适应能力和顾客服务水平。

3.2　微观环境分析

微观环境主要包括那些与公司经营密切相关、影响企业服务顾客能力的各种因素，主要包括企业本身、供应商、中间商、顾客、竞争对手以及社会公众等利益相关者。在价值形成过程中，企业与利益相关者共同组成了公司价值创造与传递系统①，并进而影响企业最终的营销效果。海洋渔业企业的营销活动效果也取决于各微观环境要素的作用。

---

① Philip Kotler and Gary Armstrong：《市场营销原理》，赵平、王霞等译，清华大学出版社 2005 年第 6 版，第 81 页。

3.2.1　海洋渔业企业

海洋渔业企业的营销部门，是在组织架构下各个部门构成的内部环境下运作的，营销部门及相互关联的各个部门，共同构成了企业的内部环境。在一定程度上，企业营销运作的效果一方面取决于营销部门工作的有效性，另一方面也取决于企业其他部门相互配合、相互协调的程度。

海洋渔业企业首先要有一个正确的战略目标和战略发展方向。因此，企业高层管理部门制定的企业发展战略是否符合企业的资源和能力，是否具有对环境的战略适应性，决定营销部门的成功或失败。一个既能适应环境的变化，又能充分发挥企业资源、能力优势的战略，也会指引营销活动的正确方向。海洋渔业企业面临复杂多变的外部环境和内部条件，在发展战略的制定方面必须具有前瞻性，才能使营销活动如鱼得水，取得好的营销成效。同样的道理，在价值创造及形成过程中，其他部门也都发挥着不可或缺的作用，对营销部门同样起着重要的支持性作用。例如，研发部门设计开发的新产品是否具有足够的吸引力和市场适用性，也决定企业的营销成效。研发部门与营销部门密切配合，在充分了解顾客需求特点和需求变化趋势的前提下，设计开发产品，才能保证产品有良好的市场前景，而营销部门在推广这些针对顾客需求开发出来的产品时，也更能得心应手。财务部门为营销部门提供开展营销活动所必需的资金支持，而营销部门的成功可以使财务部门的钱袋子更鼓，反过来也会为营销部门提供足够的财力保障。生产部门与营销部门、研发部门的配合，可以实现为目标顾客的市场定制，而这种市场定制使营销部门的工作更加简单有效。

但是，目前海洋渔业企业的内部环境并无法令人满意，部门分割、协调不力等问题还普遍存在。中小企业主要以生产、销售为主，缺乏企业战略规划，研发、服务功能弱化。大企业尽管具有健全的组织结构，各个部门齐全，但是缺乏资信共享的企业信息平台和利益协调机制，部门利益重于整体利益，造成部门之间的对立和分割。对于海洋渔业企业而言，如何优化内部环境，以顾客为中心重新设置组织部门和企业功能，才能真正在共创价值模式下促进价值形成，为顾客创造和传递顾客需要的价值。

3.2.2　相关供应商

海洋渔业企业的供应商主要是那些为企业提供原料、原材料等资源的企业，以保证海洋渔业企业能够顺利生产产品或提供服务，完成价值创造目标。供应商在海洋渔业企业顾客价值创造、形成及传递过程中起着非常重要的作用。因为，如果供应商的资源供应不稳定，生产计划将无法执行，企业营销的稳定性就会受到严重威胁。因此，几乎所有的企业都时刻关注供应商的供应能力，主要是供应资源短缺或延误、价格变动或者其他事件可能给企业短期经营造成的不利影响，以及长期以来对目标市场的影响。海洋渔业企业的类型不同，面对的供应商的类型也不同，因此，需要考虑的问题也有很大的差异。为了保证与供应商的稳定关系，海洋渔业企业和其他企业一样，也不断采取各种方式强化与供应商的联系，包括前向一体化和战略联盟等方式。

例如，海洋渔业加工企业所需要的原料、原材料等资源主要是各种海捕鱼类和养殖鱼类。如果海洋渔业加工企业主要依赖海捕鱼类，那么每年海捕鱼类的数量、种类等就会有比较大的季节性波动，价格也会因为供应量的变化而变化。此外，由于原材料不同生产加工出来的产品也具有一定的差异性。特别是在执行禁止捕捞政策的休渔期内，某些海洋渔业加工企业就面临停产甚至转产的威胁。为了弱化这种市场风险，海洋渔业加工企业就需要有充足而且稳定的原料供应，以保证生产加工顺利进行。为此，海洋渔业加工企业就要和从事海洋捕捞的企业建立良好的关系，以便在捕捞旺季备足货源，利用冷冻冷藏等方式为捕捞淡季做好准备，或者是通过与捕捞企业建立战略联盟，利用捕捞企业的仓储条件做好资源准备，由此产生的成本增加由双方共同承担。

供应商讨价还价的能力对海洋渔业企业生产的稳定性、生产成本的高低、市场竞争能力都会产生一定的影响。因此，海洋渔业企业应该分析供应商的利益诉求和自身的利益诉求，用利益纽带把双方连接在一起。

3.2.3　营销中间商

所谓营销中间商，是指那些帮助企业促销、销售以及分配产品给最终用户的组织或机构①。按照科特勒（2005）的解释，制造企业的营销中间商应该包括经销商、物流公司、各类营销服务机构以及金融中介。例如，对于海洋渔业生产加工企业而言，无论企业的规模有多大，都需要营销中间商来帮助企业实现其营销功能，从而实现多方共赢的经营目标。下面我们仍然以海洋渔业加工企业为例来分析。

海洋渔业加工企业的经销商是向目标顾客销售产品或提供购买服务的批发

① 菲利普·科特勒、加里·阿姆斯特朗著：《市场营销原理》，赵平、王霞等译，清华大学出版社2005年第6版，第82页。

商、零售商等构成整个销售渠道的组织机构。海洋渔业加工企业的生产加工地点往往集中在一个或几个地方，而其产品却可能销售到世界各地。不同地区的经销商对本地居民的消费习惯、生活方式有更深的了解，也更加容易建立起遍布各地的营销网点，获得目标顾客的认可和好评。因此，海洋渔业企业的产品、服务，需要通过各地的经销商进入当地市场，才能够取得更好的效益。经销商对海洋渔业企业的市场开拓、品牌推广、顾客服务等方面都起着不可忽视的作用。

在现代市场条件下，如何把原料、半成品、最终产品及相关信息等从起始地点输送到购买、消费地点，并为此制定切实可行的计划，进行相应的实施和控制，这是现代物流企业必须全面考虑的问题。随着交通运输工具的不断创新、改良，以及信息技术的日新月异和广泛应用，物流企业在产业链中发挥着日益重要的作用。在企业发展过程中，寻找新的利润源是企业家和经营者们不懈的追求。在 20 世纪 80 年代以前，企业往往把降低物资消耗和生产成本作为利润源泉；或者是通过提高劳动生产率来获取更多的利润。20 世纪 80 年代以后，生产的自动化、规范化以及技术的趋同使得生产领域的利润空间越来越小，企业的市场竞争也日益激烈。企业开始把寻找新的利润源泉作为一项重要任务。其中，物流在解决生产到消费"最后一公里"问题方面起着决定性作用，并取代生产成为产业链中成本产生的最主要环节之一；同时，物流环节的成本高低，也成为决定企业营销成败的关键。对于企业而言，物流不仅仅是完成了产品或服务从生产到消费市场的空间和时间转移，降低了企业的经营成本，最关键的是，物流通过供求信息的有效整合提高了企业的顾客服务能力，为顾客创造了更多的顾客价值，从而提升了企业的市场竞争能力和盈利水平。海洋渔业企业只有坚持"顾客导向"才能适应市场环境的变化，而企业只有为顾客创造价值才能满足和留住顾客。为顾客创造价值不仅包括有形的功能性价值、经济性价值，还包括一系列无形的但可以感知的顾客价值。其中，海洋渔业企业通过高效物流可以为顾客创造便利性、定制化的服务，从而增加顾客心理性价值和社会性价值。

对海洋渔业企业的成功有重大影响的还有各类营销服务机构和金融中介，这些营销服务机构包括营销研究机构、营销咨询服务公司、广告代理商以及媒介公司等。鉴于资源和能力的限制，多数海洋渔业企业需要借助于各类专业营销服务机构加强自己对市场需求的了解和服务水平。而营销研究、营销咨询、广告代理等营销服务机构可以通过更专业的手段来获取市场信息，科学预测市场发展变化趋势，为海洋渔业企业量身定制具有较高参考价值的行动方案，帮助企业选择恰当的目标市场并进行有效的促销活动。金融中介主要包括银行、信贷公司、保险公司等，主要是为企业提供各类金融服务，或者是降低市场经营风险的各类商业机构。现代市场条件下，海洋渔业企业都需要借助金融中介才能更加安全、高效完成营销活动。

现代市场条件下，营销中间商发挥着越来越重要的作用。他们不再被看成是传统意义上营销渠道的组成部分，而是成为相对独立的组织。由于企业选择的渠道类型不同，或者在渠道成员中重要性的差异，有的营销中间商逐渐变得可有可无。新的营销环境下，营销中间商也发挥着创造价值和传递价值的重要责任。一个营销中间商是否能够生存下去的主要判断标准，是看其能否在产业链中为顾客创造和传递价值。海洋渔业生产、加工企业要想提高营销活动的效率，不仅要保证自己产品的品质，而且还必须和各类营销中间商合作，才能优化整体营销系统的营销效率。

例如，海洋渔业设施的制造企业，其营销效率不仅仅取决于企业本身的生产制造水平和产品质量，在很大程度上还取决于企业与其他营销中间商的通力合作。其中，营销服务机构帮助企业更好地把握市场需求，选择营销对象和营销方式；金融机构提供相应的金融服务和资金支持；批发、零售等经销商可以更好地弥补海洋渔业设施制造企业与市场的时空距离；物流企业则可以有效沟通供求信息，加强产品供需等方面的衔接，降低物流成本，更有效增加顾客的经济性价值。可见，现代市场条件下，海洋渔业设施的制造企业的营销效率取决于与其他营销中间商合作的有效性。

因此，营销中间商在海洋渔业产业链、价值链中，承担着促进价值顺利形成并保证价值高效传递的重要作用。这也是在目前的市场环境下，营销中间商蓬勃兴起的主要原因之一。

3.2.4 顾客

海洋渔业企业的顾客主要是由最终消费市场的个人和家庭构成，他们购买产品或服务的目的是为了个人消费。根据海洋渔业企业的类型不同，其顾客也包括那些购买后进行再生产、再加工的组织或个人构成的产业市场，购买后用于再次出售的批发、零售商市场，购买后用于公共服务或者再次分配的政府市场，还可能包括本国市场之外的国际市场。我们主要关注由个人和家庭构成的消费者市场，这是支撑企业发展的基石。

中国市场由于地域广阔，因此消费者的区域消费差异非常显著。不同地区的消费者表现出明显不同的消费价值观、消费模式和消费行为，最终必将体现在饮食文化（Food Culture）的差异。英国经济学家（EUI, 1997）曾对进入中国市场的跨国公司进行了调查，这些跨国公司中有 44% 把中国看作一个市场，6% 把中国看作是两个市场，11% 把中国看作是三个市场，39% 把中国看作是四个市场。

结果 39% 的跨国公司都赢了，而把中国看作一个或者两个市场的跨国公司很多都输了。同样的道理，海洋渔业企业也应该切实关注中国市场的区域差异化，了解区域经济发展和区域消费文化对顾客购买行为的影响。

随着经济发展水平的不断提高，顾客对食品消费更加注重绿色环保、营养均衡、保健等要求。有资料显示，我国居民消费的恩格尔系数大致在 37% ~ 45% 之间。在收入增加的情况下，食品消费将从过去简单的吃饱、吃好，转变为品种更丰富，营养更全面。我国海洋鱼类产品的消费具有显著的地域特点，由于地区之间在自然禀赋和经济发展水平方面的差异，导致了不同地区的消费文化和消费习惯存在不同，具体表现为：东部沿海地区在海洋鱼类的消费数量、消费种类等都有很大的优势。尤其经济发展水平提高、可支配收入增加的情况下，人们越来越把海洋鱼类产品作为一种营养丰富价值高，味道鲜美，安全系数比较高的食品。而捕捞技术和养殖技术的不断突破，市场上海洋鱼类的供应量不断增加，人均占有量也日益提高。据统计，2013 年我国人均水产品占有量约为 44 千克，远远高于世界人均 16 千克的占有量①。这也说明了我国居民在水产品消费方面，特别是在海洋鱼类产品的消费方面，还有巨大的潜力可挖。

在现在的市场情况下，海洋渔业企业的重要任务是在保证海洋渔业产品，包括初级生鲜产品及深加工产品供应的情况下，继续研究和开发新的市场，特别是加大对中西部内陆地区市场的开发，培养居民的鱼类产品消费习惯，拓展市场，将潜在顾客转化为现实顾客。因为，在食品消费方面，中西部内陆地区居民传统上更倾向于肉类、蛋类的消费。这种固有的消费习惯和消费文化对海洋渔业企业的市场而言，既意味着挑战也意味着市场机会。随着人们饮食消费结构进一步倾向于科学化，作为健康食品、营养保健品的海洋渔业产品必将有更加广阔的市场。因此，对海洋渔业企业而言，国内 13 亿人口是一个值得继续挖掘的巨大市场，关键是企业能够摸准市场脉搏，提供能够满足顾客需求的产品或服务。

3.2.5　竞争者

海洋渔业包括近海海域捕捞、海水养殖业、远洋渔业、海洋渔业服务业和海洋水产品加工业四种类别的企业（《中国海洋发展报告（2013）》）。因此，海洋渔业企业的竞争者首先是这四类企业。由于经营同类产品，所需原料、原材料具有较高的一致性，服务的目标市场具有一定的相似性，因此，在产品供求方面都存在激烈的市场竞争。

---

① 相关数据根据《2014 中国渔业统计年鉴》整理。

对海洋渔业企业而言，一个企业要想在市场上取得成功，就必须能够为自己的目标顾客提供比竞争对手更有价值优势的产品或服务，创造更高的价值和顾客满意度，才能真正获得市场和持久的成功。而要做到这一切，企业就要对竞争对手的营销战略的制定、营销策略的实施等方面作全面的研究和分析。只有这样，企业才能明确自身以及竞争对手在行业内的地位和作用等，才能做到人无我有、人有我优，保证市场销售的成功。与竞争对手的对比研究，主要是对企业规模、企业实力、营销战略、策略等方面进行对比分析。我国海洋渔业企业从整体上看，数量众多而规模较小，实力相对比较弱，多数企业属于区域性或地区性经营的组织，缺乏在全国或全球市场上运作的能力。

下面我们以远洋渔业为例，介绍一下中国远洋渔业企业的规模和实力的对比。

在表3-2中，2013年统计到的远洋海洋渔业企业总资产最高的是63.5亿元人民币，约合10亿多美元。相对于国外大型的远洋渔业企业而言，中国企业十几亿或几十亿人民币资产，可谓是"小巫见大巫"。国外的远洋渔业企业往往是跨越几个行业的跨国公司，资产动辄上十亿、数百亿美元，有很强的抗击风险的能力和对市场的供应能力。例如，日本是世界上最大的远洋渔业捕捞国家，在19世纪末到20世纪初就开始大规模发展远洋渔业，捕捞海域从太平洋，扩展到世界各地海域，远洋渔业的最高供应量占国内渔业供应量的20%。1973年，日本曾经拥有340多艘远洋拖网船，日本的年远洋渔获量达到了最高峰时的400多万吨，占到日本渔业总产量的40%以上。随着能源危机的爆发，远洋捕捞日益受到资源的约束，而渔业资源的国际保护日益严格，加上海洋环境保护、各国专属200海里排他性经济水域等国家及国际法律、政策的颁布实施，远洋捕捞的发展越来越受到各种条件的限制。但是，远洋捕捞企业的发展可以在很大程度上弥补国内海洋渔业资源供应的不足之处，加上我国待开发的海域广阔，所以应该在资金支持、技术、研发等方面加大投入，扶持我国远洋渔业的发展。

表3-2 2013年中国十大远洋渔业公司影响力排名

	公司名称	成立时间	总资产（亿元）	主营业务
第1名	中水集团	1998年	11.2	远洋渔业及相关产业的生产经营
第2名	上海水产	1992年	36.44	远洋渔业及精深加工产业
第3名	辽渔集团	1945年	63.5	海洋捕捞、港口航运、水产品交易、冷藏、国内外营销、船舶修造、物资供应等
第4名	中鲁渔业	1999年	2.66（注册）	远洋捕捞、海洋运输、水产品精深加工及进出口贸易等

	公司名称	成立时间	总资产（亿元）	主营业务
第 5 名	福州宏东	1999 年		远洋捕捞、冷冻冷藏、水产加工、进出口贸易等
第 6 名	福建连江	1995 年		远洋捕捞及运输等
第 7 名	福州宏龙	1995 年		远洋捕捞、冷冻冷藏等
第 8 名	青岛俊财	2002 年		船舶管理、船舶维修、物资供应、外轮代理、码头租赁及船员劳务输出等
第 9 名	浙江大洋			远洋捕捞、水产加工、进出口贸易等
第 10 名	深圳联成	2002 年		远洋捕捞、渔需物资、水产品购销、国内商业、物资供销业务及进出口业务等

资料来源：根据中国排行榜网"2013 年中国十大远洋渔业公司影响力排名"的有关资料整理。

3.2.6　社会公众

社会公众是构成微观营销环境的主要内容之一，它们对企业的营销活动产生促进或阻碍作用。社会公众对海洋渔业企业的影响，往往是通过社会舆论、口碑等间接渠道，对目标市场或相关群体的态度、行为等施加影响。社会公众的类型很多，其作用也各不相同。一般而言，对海洋渔业企业的市场营销活动产生影响的社会公众包括政府部门、金融公众、新闻媒体、社会组织、企业员工，等等。

政府部门对海洋渔业企业的影响主要体现在两个方面：一方面是政府政策的制定、相关法律的制定与实施等；另一方面是通过产业政策调整来扶持或制约产业的发展。21 世纪是海洋世纪，中国把开发海洋和利用海洋资源作为"蓝色战略"的重要内容。特别是国家政府关于《全国海洋经济发展规划纲要》（2001年）、《全国海洋经济发展"十二五"规划》（2013 年）等纲领性文件的出台，指明了海洋经济成为社会经济发展全局中的战略重点，也使得海洋渔业企业得到国家政策方面的指导和扶持。同时，海洋渔业企业只有在全面了解政府法律、政策的前提下，才能更好地依法经营。此外，如何正确处理与政府部门的关系，也是海洋渔业企业应该考虑的问题之一。

金融公众，包括各类银行、融资公司以及股东，它们决定了海洋渔业企业获取资金的能力。一般来说，只有那些能够顺利筹得资金支持的海洋渔业企业，才能正常运营，得到生存和发展壮大的机会。银行、融资公司在决定资金投向时，往往要对企业的资质、抗击风险的能力以及未来发展潜力等进行综合评估。这样，那些规模较大、实力较强的海洋渔业企业更有可能得到融资。而我国海洋渔业企业的数量众多，并且绝大多数属于中小型企业，在融资方面面临更多的困难和挑战。如何增强中小海洋渔业企业融资能力，为其搭建发展平台，是各方应该考虑的课题之一。

新闻媒体，包括报纸、电视、广播、杂志等，是信息、舆论的主要传播渠道。一方面，可以向顾客及其他利益相关者传递企业、产品和服务信息，帮助他们了解和接受企业；另一方面，顾客及其他利益相关者也可以通过媒体来传达自己对企业及其产品和服务的评价和态度。如何与新闻媒体建立密切的合作关系，是海洋渔业企业必须处理好的关系之一。

社会组织是"民间组织"的官方称谓。社会组织包括各类民间自发成立的社会团体、基金会和民办非企业组织。世界上比较有影响力的社会组织，例如大自然保护协会（TNC）、野生动物保护协会（WSPA）、绿色和平组织（Green Peace）等。中国也有很多越来越有影响力的社会组织，如，中国消费者协会、中国野生动物保护协会（CWCA）等。这些社会组织对企业行为也起到直接或间接的影响。

企业员工包括企业内部的一线员工、各级管理者和其他组织工作的参与者。海洋渔业企业应该不断完善自己的人力资源管理系统，为员工制定科学的职业规划方案，对员工进行有效激励，实现员工满意。因为，只有满意的员工，才能更加积极主动地投入到工作中去，从而实现顾客满意。

社会公众是构成企业生态圈的重要因素之一，针对不同的社会公众制定不同的营销方案，企业不仅可以借以扩大企业社会影响，还可以实现不同的营销目标。因此，企业应该首先了解不同社会公众的需求，再仔细分析企业从不同社会公众那里希望获得什么样的口碑、形象和社会声誉，据此制定具有一定可行性的营销方案。

3.3　海洋渔业企业对营销环境的适应

海洋渔业企业要获得生存、发展的良机，必须对市场环境具有良好的适应性，能够审时度势，迅速抓住市场机会，规避市场威胁。为此，在以上宏观环境和微观环境影响因素介绍基础上，进行 SWOT 分析，以便企业制定并实施合适的战略，才能真正提高企业的环境适应能力。

3.3.1　海洋渔业环境的 SWOT 分析

海洋渔业企业面临同样多变的市场环境，如何在瞬息万变的市场环境中抓住市场机会，规避市场威胁，是企业必须做出的战略选择。由于海洋渔业企业的规模不等，在产业中的地位和市场影响力也各不相同，必须在对宏观环境、微观环境系统分析的基础上，使得企业扬长避短，再切入自己擅长的领域内，更好地满足顾客需求。

根据前文对宏观、微观环境的构成要素以及对海洋渔业企业影响的分析，我们把分析内容形成如表3-3的SWOT分析。

表3-3　　　　　　　　　　　海洋渔业企业的SWOT分析

	优势（Strengths） ·拥有广阔的国内市场空间 ·资源供应品类繁多 ·可选的营销中介很多 ·顾客对海洋渔业产品的青睐	劣势（Weaknesses） ·资源供应的季节性波动大 ·缺乏优质的营销中介服务 ·缺乏系统的市场研究 ·企业信息、物流有待完善
机会（Opportunities） 1. 国家政策的支持和法律保护 2. 市场购买力不断提高 3. 丰富的可再生海洋资源 4. 技术研发市场前景好 5. 巨大的国内消费市场	机会—优势（SO）：利用企业优势来抓住市场机会 1. 利用多样化产品满足市场的多样化需求 2. 不断巩固消费偏好，培养顾客忠诚	机会—劣势（WO）：利用市场机会克服劣势 1. 有效调节供求，需求管理 2. 逐渐完善海洋渔业企业的信息系统和物流网络
威胁（Threats） 1. "公地危机"引发的海洋权益争夺 2. 购买力投向比较单一 3. 海洋资源的约束日益严峻 4. 技术总体水平低 5. 市场发育不成熟	威胁—优势（TS）：利用企业优势来避免市场威胁 1. 利用多样化产品引导顾客进行多样化消费 2. 采用先进技术，从粗放式经营转为集约化经营	威胁—劣势（TW）：减小劣势，规避威胁 1. 避免风险高的业务 2. 及时了解国内外市场信息，规避风险

从表3-3的分析中，我们可以从总体上对中国海洋渔业企业的未来战略发展有一个大致的规划，以保证海洋渔业企业发展方向的正确性。我们对四种战略作一个简单介绍：

机会—优势（SO）战略是一个能够保证企业发挥优势、抓住市场机会的战略选择，是企业的最佳选择。根据前文的分析，我们知道中国海洋渔业具有丰富的资源供应。据有关部门的统计，我国海洋鱼类总种数约为3187种（1997年12月底，包括东海深海鱼种），2012年年底我国海洋鱼类总种数下降到3048种，约占世界鱼类总量的23%①。尽管有些海洋鱼类种类由于自然环境的变化以及过

---

① 相关数据根据《2013中国渔业统计年鉴》整理。

度捕捞等原因不断减少甚至绝迹，但是海水养殖业的兴起在一定程度上补充了主要鱼类的供应不足。面对购买力不断增强的巨大市场空间，海洋渔业企业应该充分利用多样化的资源供应，生产、加工多样化的产品，来满足顾客的多样化需求。此外，由于中国饮食文化一直注重营养结构和饮食的多样化，海洋鱼类一直受到人们的青睐。海洋渔业企业可以将这种饮食文化发扬光大，以优质的产品不断巩固消费者对海洋鱼类的消费偏好，并通过企业文化、品牌塑造等方式来培养顾客忠诚，以此形成稳定的市场基础。

机会—劣势（WO）战略是利用市场机会来克服企业本身的不足之处，以此增强企业的市场生存能力。海洋渔业加工企业面临的主要威胁之一是资源的市场供应存在季节性不稳定问题。而现在，第三方物流公司的仓储条件相对比较好。海洋渔业加工企业可以借助第三方物流公司的仓储设施，在资源旺季备足货，以保证淡季的正常生产经营，从而有效调节供求关系。此外，现代信息技术的迅速发展和网络技术的广泛应用，可以使中小企业也建立起自己的信息系统，而和第三方物流公司的合作，也可以保证企业拥有完备的物流网络。这样，企业可以在第一时间了解市场信息，把握顾客需求变化趋势，增强对市场的反应能力。

威胁—优势（TS）战略主要是利用企业的优势资源和能力来避免市场上出现的威胁。海洋渔业企业面临越来越严峻的市场和资源约束，特别是远洋渔业企业面临各国对公海资源以及各国市场的激烈争夺。我国海洋渔业企业可以充分利用资源的丰富性和国内市场的广阔性，来克服面临的种种市场威胁和竞争压力。面对市场上多数消费者对海洋渔业企业产品和服务的消费方式比较单一，购买力投向主要是生鲜鱼类，海洋渔业企业的经营方式主要是粗放式经营，资源浪费严重，产品附加价值比较低，企业以此获得的利润也比较低。随着生产加工技术水平的不断提高，企业可以对部分产品进行精、深加工，变粗放式经营为集约化经营，利用多样化的产品引导顾客进行多样化消费，使顾客消费方式和消费投向同时向多样化转变。这样，企业可以不断挖掘生产潜力，获得更多的利润源泉。

威胁—劣势（TW）战略是企业在应对极不安全的经营环境时的选择。在现代市场条件下，海洋渔业企业所能做的主要是及时了解与企业经营和市场供求相关的各类信息，关、停、并、转那些风险过高的业务，同时避免进入那些风险过高的市场，以确保企业经营的安全性。

利用SWOT分析方法，海洋渔业企业可以对面临的问题进行分类分析，首先要解决那些需要迫切解决的问题，然后再关注其他次要问题。当前，我国海洋渔业企业需要特别注意的问题：研究顾客和市场，使供求衔接；注重研发，用技术指导企业生产和市场营销活动；保护海洋环境，促进海洋资源的可持续利用。

3.3.2　海洋渔业企业对市场环境适应的方法

在既有的资源条件下，海洋渔业企业的营销能力首先来自其对外部环境的适应能力。21 世纪的海洋渔业企业面临的市场环境更加变幻莫测，特别是经济全球化和资本经营方式的出现，使企业的经营领域打破了地域和行业的限制，从而使企业对环境变化预测变得越来越困难。要增强企业对市场环境的适应能力，可以从以下几个方面入手：

首先，要整合产业力量，尽快构造以主导企业为核心的产业链，增强整个产业的核心竞争力，提高企业抗击市场风险的能力。随着大型跨国公司的不断攻城略地，以及地球村的快速形成，使中国海洋渔业企业不仅面临激烈的国内竞争压力，而且也受到越来越严峻的国外企业竞争冲击。同时，原先的产品经营模式下形成的生产规模、设备、技术、市场等产业壁垒，很轻易地被高度灵活性的资本经营模式所取代。因为，资本经营模式可以运用资本的力量，在短时间内积聚产业内的各种生产要素，轻易进入一个产业，并取得人力资本、技术设备、生产成本等方面的优势，从新进入者迅速变身为强大的现有竞争者。这种全方位的竞争压力，只有产业内那些真正具有实力的主导企业（或"核心企业"）才能在全方位的竞争冲击下生存下来。可见，海洋渔业企业适应环境的首先方式就是借助产业平台，成为产业内的主导企业，或者是以主导企业为核心的产业链条的某一个必不可少的环节。

其次，建立并维持与顾客的良好关系是海洋渔业企业稳定发展的基础。海洋渔业企业经营环境的多变性，使企业的前景充满了不确定性。在这种情况下，如果能够赢得目标顾客的青睐，那么企业就有了同舟共济的伙伴。目前，海洋渔业企业的市场供应、市场经营在一定程度上是分离的；生产企业对市场的了解非常少，无法根据顾客的需求及需求变化做出相应调整；而商业企业对市场了解多，但是对生产经营活动知之甚少。实际上，只有供求优先衔接，才能保证企业有效满足市场需求。而要做到这一点，就必须研究市场，研究顾客，建立并维持与顾客的良好关系，才能奠定企业市场竞争的坚实基础。现在的顾客不仅需要良好的产品，更需要优良的服务。海洋渔业企业在全面了解顾客基础上，为顾客提供优质产品，同时为顾客提供优质的信息、物流、咨询等方面的服务，才能实现顾客满意和顾客忠诚，与顾客建立长久的良好关系。

最后，利用技术工具和信息手段增强对市场环境的适应能力。科学技术的快速发展和信息技术的广泛应用，使传统的管理方式受到巨大的冲击。全球各地的时空距离越来越小，即使远在天涯海角，也很容易地同时知晓一切。海洋渔业企业只有知晓这些变化，才能迅速地对市场变化做出反应，拥有信息的数量和质量决定了企业胜负成败。大数据越来越深刻地影响着人们的生活方式，同时大数据重新塑造了学习的三个体征：反馈，个性化和概率预测。其中，大数据及其分析结果可以帮助企业更加迅速、准确地对顾客需求做出回应，反馈效果大大改善；大数据也可以轻易对个人消费轨迹进行追踪，通过整合资源和模块化生产实现顾客定制，最大限度满足顾客个性化需求；此外，由于海洋渔业企业掌握大量一手资料，可以对顾客的生活、消费全方位了解基础上预测其未来需求变化趋势，提高概率预测的准确性。基于大数据的决策将会越接近事实真相，它同时也成为各类企业科学运行的基础。因此，信息和技术成为海洋渔业企业适应市场环境的有效工具。

总之，环境构成了海洋渔业企业生存发展的生态系统。企业只有采用可控的手段和有效的营销战略和策略，才能对外部环境做出迅速准确地反映，在动态环境条件下抓住市场机会，保持企业的活力。海洋渔业企业对市场环境的适应程度，也反映了企业营销能力的高低。

第4章 海洋渔业企业价值形成过程及价值链的构建分析

在我国政府提出"蓝色海洋战略"的背景下，研究海洋渔业企业价值形成过程及价值链构建，一方面有利于促进政府主导的海洋渔业产业调整和优化，使价值形成及价值链构建符合产业长远发展的要求；另一方面，研究价值形成过程及关键环节，在此基础上构建的价值链有利于实现企业的价值目标和顾客的价值诉求，更能满足企业及利益相关者的各种需求。

4.1 海洋渔业企业产品或服务及其价值构成分析

海洋渔业产业作为国家农业部门的重要组成部分，在人民生活、社会经济发展方面发挥着越来越大的作用。海洋渔业企业是人们以海洋为基础，充分利用海洋生物资源自身的生长发育等一系列生理活动的产物来获取产品的生产、经营活动，以及由此衍生出来的其他相关生产、经营活动的经济单位。作为价值载体的海洋渔业企业产品或服务，其价值构成既有一般性产品或服务的价值内容，也具有海洋渔业产品的独特价值内容。

4.1.1 海洋渔业企业产品或服务特点

根据海洋渔业的范畴不同，海洋渔业企业产品或服务的范围也有很人不同。狭义的海洋渔业是指传统的海洋捕捞业和海水养殖业；广义的海洋渔业除了包含狭义的海洋渔业之外，还包括渔船、渔具、渔用仪器的修造与供应以及水产品加工、贮藏、运销等产业。海洋渔业企业具有资源依赖性强、自然环境的不确定性、经营高风险性等特征。

海洋渔业企业产品或服务的特点，主要取决于企业类型，企业类型不同，其产品或服务的特点也不一样。以海水养殖企业为例，其产品的主要特点是：

首先，海水养殖企业的产品或服务的市场生命周期短。海水养殖企业是利用海洋水资源的自然环境来进行人工养育海洋水产品的企业。因为海水养殖企业的产品基本上是生鲜产品，从产品性质上看属于快速消费品，保质期短，即使是冷冻水产品也必须在短时间内消耗掉，否则营养价值会大打折扣。因此，为了保证海水养殖企业产品的质量，方便快捷的交通、合适的冷冻方式和方便的存储空间，以及上下游企业和各个业务环节之间的紧密衔接，就显得必须十分必要。这一特点也使得海水养殖企业的营销能力在很大程度上决定其市场经营效果。

其次，海水养殖企业的产品或服务进入市场的销售渠道短而宽。鉴于较短的市场生命周期，海水养殖企业的产品不像其他的消费品需要一级中间商、二级中间商甚至三级中间商。养殖水产品的销售渠道，有些从生产者到经销商再到零售商，有些从生产者直接到消费者。购买过程中消费者的便利性要求显著，消费者可以习惯性地就近购买，所以水产品的销售要深入到居民区。随着电子商务的蓬勃发展，在线购买成为一种新的购物模式。海水养殖企业如何开展O2O营销，与电商、物流配送、居民需求之间有效衔接，促进线上购买与线下消费的有效融合，是渠道创新的必然趋势。此外，售后服务少，重点主要体现在对客户投诉的迅速反馈和有效处理。销售渠道短而宽，市场流通速度会比较快，这要求海水养殖企业的生产经营与市场营销必须有更加紧密地结合，才能保证在比较短的时间内实现商品的价值。因此，营销效率的高低对海水养殖企业意义重大。

再其次，海水养殖企业的产品品牌忠诚度不高。不同海水养殖企业的产品内在品质差异不明显，缺少区分产品的物理指标，而且销售效率决定经营效率。同时，消费者选购过程中更注重产品的外观差异性，而不是哪一家企业的产品，除非企业拥有闻名遐迩的品牌。因此，很长一段时间，即使有产品品牌，很多海水养殖企业也并不重视品牌的培育和推广。尽管目前不少企业都有自己的品牌，但是品牌区分度并不大，在同类产品中，消费者很容易转换不同的品牌，并且消费决策更易受外界因素的影响。从目前来看，海水养殖企业缺乏有市场号召力的大品牌，消费者品牌认可度低，转移购买成本低，风险低。因此，海水养殖企业的产品品牌忠诚度普遍很低。在品牌忠诚度的培育与推广方面，企业营销工作者还有很长的路要走。当然，有一些海水养殖企业凭借海洋地理优势而形成产品的独特口味和营养价值，产品品牌具有显著的差异性。例如，青岛的红岛蛤蜊在青岛本地广为人知，具有很高的品牌认知度，在海产品消费市场上的地位无可取代。可见，品牌培育在海水养殖业中同样重要。

　　最后，海水养殖企业的产品购买属于比较典型的冲动购买。消费者在购买时，对相关群体的建议不敏感，往往取决于个人偏好，类似的产品不需比较，产品的外观/包装、广告促销、价格、销售点等对销售起着重要作用。这决定了消费者的购买习惯是：简单、迅速、冲动、感性。同时，水产品属于视觉化产品，产品本身的品相，以及卖场气氛，都会对消费者产生显著影响。消费者的购买行为在很大程度上受到购买心理的影响和驱动，因此企业可以通过各种市场营销手段来对消费者行为产生影响。

　　以上产品特点决定了海水养殖企业的生产、经营模式，以及市场营销工作的重点。尽管海洋渔业企业的产品或服务具有差异化特征，但是也有上述海水养殖企业产品的共性特点。随着市场经营环境的不断变化，海洋渔业企业的产品或服务也呈现出新的特点。一般而言，海洋渔业企业产品或服务的特点可以总结为以下几方面：

　　第一，海洋渔业企业产品或服务的多样化。根据产业内分工以及市场需求的不同，海洋渔业企业的产品或服务表现出多种多样的形式，以满足目标顾客的差异化需求。海洋渔业企业种类繁多，从海洋捕捞到海水养殖，从渔船、渔具、渔用仪器的修造与供应，到水产品加工、贮藏、运销等等方面。因而，海洋渔业企业的产品、服务种类也多种多样，不一而足。不同的产品或服务，具体价值内容具有差异性，所服务目标顾客的价值需求也不一样，应该采用不同的营销策略才会收到良好的效果。

　　第二，海洋渔业企业产品或服务的品牌化发展。从国内外的经验来看，随着市场经营的日益规范化，海洋渔业企业的产品或服务也将逐渐走向品牌化发展道路。塑造产品或服务品牌，对海洋渔业企业而言，可以增加无形资产，提高产品或服务的市场区分度，凸显其差异化竞争优势，增强企业的营销能力；而对顾客而言，可以方便顾客的选择购买，培育顾客的品牌认知度，巩固顾客偏好，并在顾客满意基础上进一步培育顾客忠诚。可见，产品或服务的品牌化趋势，是海洋渔业企业今后发展的重要方向。

　　第三，海洋渔业企业产品或服务的创新化发展。随着陆地资源发掘潜力的逐渐降低，人们对海洋资源的依赖程度不断加深，相应的科学技术突飞猛进，海洋渔业产品或服务日益向产品创新、服务创新的方向发展。例如，海洋鱼类产品不仅仅满足人们对优良品质食品的需求，而且随着深加工技术的逐渐普及，海洋鱼类深加工产品还可以满足人们在医疗、美容、保健等方面的新需求。海洋鱼类养殖产品不仅可以补充海洋捕捞的存量不足，而且还可以发展与之关联的海洋生态旅游业，为人们提供用以休闲、娱乐的服务。因此，根据人们新需求的出现而不断促进海洋渔业产品或服务的创新化发展是海洋渔业产业未来的发展趋势。

第四，海洋渔业企业产品或服务的物流环节向短、平、快发展。物流环节的效率高低，是决定海洋渔业企业能否取得市场先机的重要前提。只有对市场需求做出快速反应，在第一时间满足顾客的企业才有生存、发展的机会。特别是电子商务的迅速发展和网络购物的逐渐普及，使海洋渔业企业也有机会构筑从工厂到顾客家门口的直销渠道。企业可以通过网络平台整合顾客的需求信息，快速备货、通过第三方物流把产品发送到顾客手中。这样不仅缩短了产品营销渠道的长度，节约了大量渠道管理费用，而且可以把供求更好地衔接起来。目前，有一些海洋渔业企业已经借助电商平台，建立自己的生鲜物流链，大大改变了传统销售渠道的结构模式和运营规律。这是海洋渔业企业产品营销渠道管理要特别注意的问题，也是价值形成及顺利传递的必要环节。

海洋渔业产品或服务的特点决定了企业营销模式的选择和未来的营销工作重点。企业应该在研究目标市场需求的前提下，为海洋渔业企业量身定制合适的营销战略和策略，才能有效提高企业营销能力，保证企业的营销效率。

4.1.2　海洋渔业企业产品或服务的价值构成要素

不同的产品或服务都包含一些共同的价值构成要素。目标顾客在购买任何一种产品或服务总是为了满足自己的某种需求，只有获得基本价值满足的条件下，才有可能采取进一步的购买行动。目前的学术研究中对不同产品或服务的购买中应该追求的基本价值有不同的看法。例如，刘（Liu，2006）认为，顾客价值应该包括经济价值、关系价值和核心价值三个内容。郝施曼及豪布鲁克（Hirschman and Holbrook，1982）认为，顾客消费价值（即顾客价值）应该包括感性消费价值（象征性价值、享乐性价值和审美价值）和理性消费价值（问题的解决和需求的满足）。本人的相关研究表明，所有产品或服务的价值构成要素都应该满足顾客的不同需求；在此基础上，价值的构成包括四个基本要素：功能性价值、心理性价值、社会性价值、经济性价值（花昭红，2010）。在这些价值构成要素中，能否识别一种或几种关键价值，是能否满足顾客需求的重要条件（加贝，2013）。在共创价值模式下，顾客价值的形成是前提和基础。因此，我们从理论上探讨价值形成过程，就要首先考察这四个价值要素的是怎样形成的，才能对价值形成的一般过程有系统的认识。海洋渔业企业产品或服务的顾客价值构成要素的内容以及相关影响因素的关系如图 4 - 1所示：

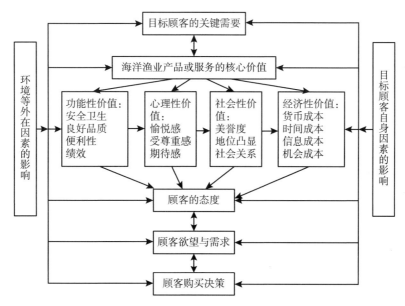

图4-1　海洋渔业企业产品或服务的基本价值构成模型

根据图4-1的基本价值构成模型的分析框架，海洋渔业企业产品或服务的价值构成主要包括以下几个内容：

功能性价值。所有产品或服务都必须具有基本的功能性价值，才能满足顾客的生理性需求。在马斯洛的消费者需求层次理论中，他认为在不同层级的需求中，生理性、安全性需求是最基本的。在产品或服务所具有的功能性价值，主要是满足顾客生理性需求和安全性需求。海洋渔业企业产品或服务的功能性价值是消费者购买产品或服务时首先要考虑的价值要素，具体是指购买海洋渔业企业产品或服务时所追求的物理性价值。例如，消费者在海洋渔业产品或服务中所获得安全卫生的食品、丰富的营养价值、方便快捷的服务等，这都是顾客购买与否的最主要的功能性价值决定因素之一，也是消费者判断自己的生理性、安全性等需求能否从购买中得到满足的前提条件。随着消费环境的变化，海洋渔业企业产品或服务功能性价值的内容也会发生变化。其中，海洋渔业产品或服务的质量高低直接决定其功能性价值的大小。

心理性价值。海洋渔业企业产品或服务的心理性价值主要满足顾客的心理性需求，是在竞争性市场、具有自主购买决策权的条件下强调的海洋渔业产品或服务所附载的非物理性价值，也是企业对顾客的情感支付。例如，在购买、消费海水养殖企业的海参、鲍鱼产品时，消费者除了从这些滋补产品中获得功能性价值之外，还越来越重视产品所提供的心理性价值，包括：相关企业通过产品质量识别、烹饪方法等热情服务给顾客带来的愉悦感和受尊重感；消费产品或服务给顾客带来的身强体健、延年益寿的美好期待感，等等。心理性价值既与社会传统的消费文化紧密相关，也受企业文化倡导的生活方式、消费理念等的影响。此外，心理性价值还受顾客个性的影响，具有极强的个性化特点，它也是顾客判断海洋渔业企业产品或服务质量好坏的重要指标之一，同时，也是影响顾客满意度和顾客忠诚度的主要因素之一。

社会性价值。社会性价值是顾客在社会生活中，为了满足更高的心理追求而在与他人的直接或间接关系中，通过购买消费特定的产品或服务而获得的，能够体现其尊严、身份和社会存在感、影响力等效用的社会关系价值。社会性价值对其他顾客有直接或间接的暗示和引导作用，并影响新顾客的购买选择。海洋渔业企业产品或服务的社会性价值，主要体现在产品或服务品牌、企业文化等给顾客带来的社会性影响。比如，海洋渔业企业的知名品牌，对购买、拥有该品牌的顾客而言，意味着具有更优越的社会地位、更高社会阶层归属感的社会性价值，对潜在顾客具有一定的消费示范，也在一定程度上体现了社会的消费倾向。社会性价值体现了海洋渔业企业产品或服务所承载的社会意义，揭示了其能否在市场生存下来的根本原因。

经济性价值。经济性价值是顾客对海洋渔业企业产品或服务的收益与成本权衡后的结果，是所有理性购物者决定是否购买的重要价值要素之一。相对于顾客从海洋渔业企业产品或服务中得到的功能性价值、心理性价值和社会性价值而言，顾客还需要付出相应的成本，作为获得这些利益的代价。例如，顾客获得海洋渔业企业产品或服务时付出的货币成本、等待产品或服务的时间成本、信息搜集成本等费用。只有成本低于总的顾客价值带来的收益，顾客才可能采取购买行动。因此，经济性成本是价值形成过程中的一个必然产物，它是企业进行价值创造必须监控的因素，也是顾客进行价值选择、价值权衡的参照物。

海洋渔业企业产品或服务的全部价值内容就是用来满足顾客的不同层级的需求，海洋渔业企业产品或服务只是顾客价值的载体。功能性价值主要是满足顾客对海洋渔业企业产品或服务的物理需求，心理性价值主要满足顾客的精神方面的需求，社会性价值则是用来满足顾客作为社会存在的人际交往方面的需求，经济性价值则是顾客用来满足成本与收益比较的需求。在购买、消费过程中，功能性价值、心理性价值、社会性价值以及经济性价值又包括各不相同的、更具体的价值要素内容。这些价值要素不仅受到顾客个性化要素的影响，而且也受到社会环境因素的制约，因此它们处于不断的变化过程中。

构成海洋渔业企业产品或服务的四种基本价值构成要素是相互影响、相互作用的。从逻辑关系上讲，研究海洋渔业企业产品或服务的价值形成过程，首先要对海洋渔业企业的产品和服务的价值构成要素进行分析，而对价值构成要素的分析，必须先从其功能性价值开始，功能性价值是满足顾客需求的基础和前提，然后再从心理性价值、社会性价值的内容进行入手，分析其能否满足顾客更高层次的需求，经济性价值的分析结果决定顾客是否会采取最终的购买行为。至于这四种价值要素出现的先后顺序则无一定论。根据顾客需求层次、需求内容的不同，有的顾客在进行功能性价值分析之后，可能就会进行经济性价值分析，以决定是否购买，而有的顾客可能在分析了功能性价值、心理性价值之后，分析经济性价值，判断自己的购买是否合算。还有的顾客在分析了功能性价值、心理性价值、社会性价值之后，再分析经济性价值，以便做出自己的购买决策。任何环节都会对顾客购买行为产生直接或间接的影响。

4.2　海洋渔业企业的价值形成过程分析

海洋渔业企业的价值形成过程，也是伴随着产业链的所有环节逐渐形成的价值链。正如我们前面分析的那样，价值链和产业链是紧密关联的两个链条。因此，价值形成过程的分析必须以产业链的构成和运作机理作为研究基础。

4.2.1　海洋渔业企业的价值形成过程

海洋渔业企业的价值形成过程贯穿于整个产业链，并形成一个完整的价值链，因此，每一个企业产品或服务的价值形成过程都突破了单个企业的界限，必须依赖产业链中的上下游企业以及其他相关企业的支持和帮助，才能最终形成为市场所接受的价值。例如，海洋渔业加工企业生产的海产品的价值，不仅取决于企业本身生产加工能力的高低，而且与上下游企业关系密切。产业上游的海洋捕捞、海水养殖企业所提供的原料质量，直接决定所加工海产品的功能性价值，影响最终消费者对产品的评价和态度以及可接受度。而产业下游的仓储运输、销售服务等企业，不仅可以通过与加工企业、目标顾客建立良好关系来降低成本，改善营销进程，而且也决定加工海产品的心理性价值、社会性价值和经济性价值。因此，从产业链入手分析海洋渔业企业的价值形成过程，才能实现企业对价值形成过程的统一管理和协调，而不是片面强调单个企业价值创造活动的重要性，从而提高海洋渔业企业的整体经营绩效。我们以图 4 - 2 为例阐明海洋渔业加工企业的价值形成过程。

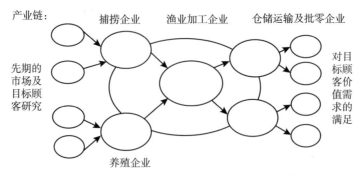

图 4 - 2　顾客价值主张对海洋渔业产品加工企业价值链的影响

从图 4 - 2 可以看出，海洋渔业加工企业的价值形成过程实际上就是一条价值链，以价值链为分析工具，我们可以看出价值形成过程完全超越了企业边界。在价值界定阶段，必须进行先期的市场及目标顾客研究，识别顾客的价值诉求，了解顾客价值追求目标，海洋渔业加工企业才能明确从海洋捕捞或养殖企业购进什么种类的海鱼作为加工原料或原材料，才能满足顾客价值需求。在价值创造与形成阶段，企业必须根据已经界定的顾客价值内容，采用一定的工艺加工技术对原料、原材料进行相应的生产加工，输出符合顾客预期的产品或服务，才可能提供获得顾客认可的价值。在价值交付阶段，必须根据产品或服务的特点，采用必要的物流运输工具和仓储手段，通过批发零售企业实现价值的转移和增值，满足顾客个性化需求，以顺利完成价值交付。

从价值界定到价值交付的链条，就是价值形成过程。在这个过程中，功能性价值、心理性价值、社会性价值及经济性价值也依照价值形成的内在规律逐渐形成并实现价值增值。下面我们分别对四种价值构成要素的形成进行分析。

4.2.1.1　海洋渔业企业产品或服务的功能性价值的形成过程

正如前文所述，功能性价值主要满足顾客的基本生理性需求，是顾客购买追求的核心利益之所在。功能性价值主要体现产品或服务的物理特性上，而物理特性的形成主要取决于产品生产所使用的原料以及生产环境、生产加工技术等。产品的物理性质是功能性价值的主要内容之一，主要是指产品在正常情形下表现出来的形态、结构、重量、硬度、颜色、光泽等方面的特性；或者是产品在光、电、热、水、压力等外因作用下不改变产品性质的相关特性。由此可见，海洋渔业企业产品的功能性价值，主要决定于其使用的原料的种类、性质，以及对原料进行生产加工的技术、环境等。

例如，我们仍然以海洋渔业加工企业为例，其生产、加工产品的功能性价值，一方面取决于产业上游企业，包括海洋捕捞企业、海水养殖企业等所提供的原料、原材料的种类、品质等；另一方面也取决于生产、加工过程中所采用的工艺技术以及生产环境等。原料、原材料种类繁多、品质优良，才可以生产出多种多样、高质量的海洋渔业产品；先进发达的加工技术才能节约资源并保证产出品的质量水平；一流的生产环境才能保证产出食品的安全可靠。因此，海洋渔业企业产品的功能性价值的形成过程，始于海洋渔业资源的生成阶段，增值于生产加工阶段，实现于产品到达顾客手中之际。海洋渔业企业产品的功能性价值具体形成过程如图 4 - 3 所示。

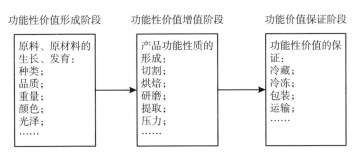

图 4 - 3　海洋渔业企业产品功能性价值的形成过程

　　海洋渔业企业向市场所提供产品的功能性价值，首先取决于所使用的原料、原材料。经过漫长的生理活动过程，生长、发育形成的原料、原材料的种类、品质、重量、颜色、光泽等，决定了商品的物理性质。例如，市场上供消费者购买食用的生鱼片种类很多，其原料可以取自三文鱼、鲑鱼、加纳鱼、旗鱼、鲈鱼等鱼类；也可以取自海胆虾、龙虾、芦虾等甲壳类；还可以来自鲍鱼、牡蛎、赤贝、北极贝等贝类。而最后顾客从吃到嘴里的生鱼片的品质、口味、营养价值等所获得功能性价值，主要决定于采用的原料是什么，以及所用原料的生长环境。

　　海洋渔业产品的功能性价值还取决于生产、加工阶段。海洋渔业原料，例如鱼类，经过生产、加工之后，得到不同的产品：包括经过研磨得到的鱼糜；经过烘焙得到的鱼片，经过深加工提取的鱼油等等。尽管原料相同，但是这些产品的功能性价值却有很大的差异性。可见，海洋渔业产品的功能性价值在很大程度上也取决于生产、加工过程。同时，相对于作为原料的生鲜鱼类，生产、加工后的海洋鱼类产品的功能性价值不仅在性质上增加了新的内容，而且在量上也有了增长。

　　海洋渔业产品的功能性价值能否完整无损地传递到目标顾客手中，还取决于相关的保证措施。比如，顾客购买的鱼类是否新鲜，要取决于相应的仓储、运输条件等；产品是否安全、卫生，还取决于储存、运输、销售过程中采用的各种措施，包括冷冻、冷藏、包装等手段。这些手段不仅保证了海洋渔业产品的功能性价值的数量和质量，同时，也提高了产品的品相，以此保证了顾客对产品市场价值的认可。

由此可见，海洋渔业产品的功能性价值因产品不同而不同。对于那些经过简单分拣而不需要加工就可以直接销售的产品来说，其功能性价值形成于原料、原材料的生长、发育阶段，原料、原材料的质量决定产品本身的功能性价值，而对那些需要经过加工、甚至是多道工艺技术加工之后才能获得并进行销售的产品而言，其功能性价值不仅形成于原料、原材料的生长、发育阶段，在加工阶段也使得功能性价值得到增值，并且冷冻、冷藏、包装等手段保证了功能性价值顺利从企业传递到目标顾客手中。然而，归根结底，海洋渔业产品的功能性价值主要形成于原料、原材料的生长、发育阶段，同时因产品差异性受到生产加工、保证手段等的影响。顾客对功能性价值的评价，一方面是通过感官观察产品的外在形态是否符合预期，另一方面则是通过质量指标进行判别。

4.2.1.2　海洋渔业企业产品或服务的心理性价值的形成过程

海洋渔业企业产品或服务的心理性价值是企业在生产经营过程中对顾客的心理性支付，主要是为了满足顾客的精神、情感等方面的心理需求。在感性消费时代，顾客的购买、消费，不仅仅是为了从产品或服务中获得满足其生理需求的功能性价值，使自己的支付"物有所值"。而且还要有一个愉快的购物体验，使消费过程充满新奇、快乐，得到"物超所值"的感觉。

心理性价值的形成往往受到一个国家、一个地区消费文化的影响，在现代市场经济条件下，心理性价值的形成还受到企业营销活动的影响。例如，顾客从深海鱼油中获得的心理性价值，不仅取决于国家和地区的社会消费文化和亚文化，而且企业营销活动也塑造、影响顾客的心理性价值。在前文的分析中，笔者认为心理性价值包括受尊重感、愉悦感以及美好的预期和希望等方面。中国饮食文化源远流长，养精蓄锐、滋生补养是中国饮食文化的精髓之一，"食补胜于药补"的消费观念深入人心。深海鱼油作为高端的滋补产品之一，对顾客本身而言，其购买消费行为不仅是良好生活品质的象征，而且产品本身带来的对身体健康、无疾病之虞的预期收益，都构成了产品心理性价值的重要内容。作为节庆礼品的深海鱼油，则表达了馈赠者对接受者的深情厚谊和良好祝愿。企业如果能够在消费过程提供一系列良好服务，包括提供信息、使用指导、跟踪服务、定制包装等，都会给顾客以受尊重的心理性价值。可见，心理性价值的形成必须以良好的产品品质为前提，它主要形成于产品的推广阶段，即企业市场营销活动过程中，实现于产品到达顾客手中之际。海洋渔业企业产品的心理性价值具体形成过程如图4－4所示。

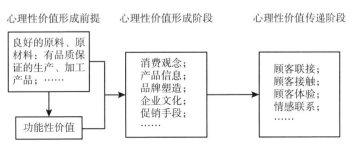

图 4－4   海洋渔业企业产品的心理性价值形成过程

和其他任何类型的企业完全一样，心理性价值形成的前提是良好的产品或服务质量保证，只有产品或服务的质量可靠，顾客的心理性价值才有实现的可能性，顾客购买消费之后才不会有上当受骗的感觉。对于海洋渔业企业的产品或服务而言，目标顾客最终能否获得相应的心理性价值，首先取决于产品或服务所使用的海洋渔业原料、原材料品质是否有保障，生产、加工的产出品是否质量可靠。如果顾客最后购买的产品或服务采用的原料、原材料质量低劣，生产加工过程偷工减料，那么即使顾客一开始被蒙骗，产生了较高的心理性价值，但是消费者受到的物质、精神方面的伤害迟早也会暴露出来，最后企业也会丧失消费者的信任，而失去发展的机会。

海洋渔业企业产品或服务的心理性价值主要形成于市场推广阶段，取决于市场营销活动的成效。心理性价值包含的愉悦感、受尊重感、美好预期等，关键在于顾客对企业产品或服务的态度和认知程度。而这种态度和认知程度取决于顾客看见了什么，听见了什么，接受了什么。营销活动的主要任务之一就是教育顾客，引导顾客消费行为。利用传统的社会消费文化来引导顾客树立新的消费观念，可以帮助企业推广新产品和新服务。海洋渔业企业可以充分利用中国传统饮食文化中的养生、滋补等观念来引导顾客的消费，可以增加顾客对高营养价值的海产品的心理接受程度。同时，利用广告、公关等手段宣传企业和产品，提供完善周到的服务，可以提高顾客对企业产品的认知度；通过营销手段塑造产品品牌，传播企业文化，可以提高企业以及产品的美誉度，增强顾客购买、消费产品的愉悦感和受尊重感。尽管心理性价值具有很强的个性化特征，与顾客本身紧密相关，但是，心理性价值受外部环境的影响也很明显，企业在这一方面大有可为。

以原料、原材料为基础的良好产品或服务品质，以及有效的营销推广活动是促进心理性价值形成的重要措施。但是，目标顾客能否真正认可并接受这些心理性价值，还取决于企业与顾客的互动，以便影响顾客对产品或服务的认知以及评价。在海洋渔业企业产品或服务的心理性价值传递过程中，顾客联接、顾客接触、顾客体验、情感联系等的主要目的，就是不仅把产品或服务本身的信息顺利传达给顾客，让顾客了解产品或服务的全面信息，建立顾客信任，同时，开展相应的活动还可以增强企业产品或服务的吸引力，使顾客产生对企业以及产品或服务的亲近感，促使顾客认可并接受以产品或服务为载体的心理性价值。

因此，海洋渔业企业产品或服务的心理性价值的形成必须以品质优良的原料、原材料为前提，以高效的营销推广活动使顾客产生建立在产品或服务之上的愉悦感、受尊重感和美好预期，还要通过顾客联接、顾客接触、顾客体验等加强与顾客互动，强化企业与顾客的情感联系，并在信任基础上使顾客感知并接受这些心理性价值。心理性价值的形成，使产品或服务本身带上了情感色彩，更加容易打动顾客，使得顾客产生对企业或产品的心理归属感，从而更容易保证企业营销成功。因此，海洋渔业企业应该对不同目标顾客的地区分布、社会文化、心理特征、生活方式等进行全面了解，才能针对不同顾客心理需求的内容，进行心理价值界定，促进价值形成及顺利传递，满足顾客精神需求。

4.2.1.3 海洋渔业企业产品或服务的社会性价值的形成过程

社会性价值往往也称之为关系价值（Liu，2006），是顾客在购买消费过程中获得的作为一个社会存在的价值，它可以是某个相关群体或其他群体的认可和接纳所带的价值和利益。就海洋渔业企业产品或服务而言，顾客能够从中获得的社会性价值，主要来自企业文化的市场影响力和号召力，是对顾客的一种精神感召力，将顾客归属于一种文化范畴之内。而企业的品牌以及品牌所代表的消费文化可以把顾客归属到某一个社会阶层、消费群体中去，使顾客产生一种社会归属感，来自同一消费群体的认可也让顾客产生社会存在感。

海洋渔业企业产品或服务的社会性价值形成于企业与顾客的各种互动活动中。同样，社会性价值的形成必须以良好的产品质量为前提，它主要形成于品牌推广和企业文化宣传阶段，即企业市场营销活动过程中；通过企业与顾客的互动而实现价值的传递。具体来说，海洋渔业企业产品的社会性价值形成过程主要是在企业文化传播阶段和企业品牌的培育与推广阶段。社会性价值主要满足顾客在人际交往关系方面的需求，是顾客个人社会存在感的一种外在表现，也体现了顾客在相关群体的社会认可程度。一方面社会性价值来自于顾客自身所寻求的社会归属感和社会存在感，取决于顾客的社会文化背景及其个性特点；另一方面则来自于企业主动创建的企业文化和品牌产生的吸引力，取决于企业行为引发顾客心理共鸣的程度。可见，社会性价值的形成过程，同样需要企业及顾客的双方努力，企业针对顾客营造的浓郁文化氛围，顾客的理解及主动参与。

海洋渔业企业产品的社会性价值具体形成过程如图 4-5 所示。

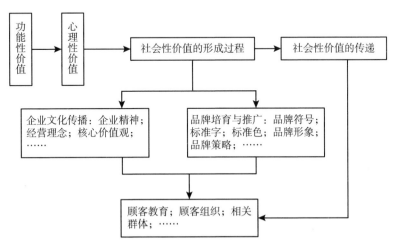

图 4-5　海洋渔业企业产品的社会性价值形成过程

如图 4-5 所示，海洋渔业企业产品的社会性价值主要形成于企业文化传播和品牌的培育和推广阶段。通过积极宣传企业文化，海洋渔业企业可以使顾客了解企业精神、经营理念、核心价值观等；进而，顾客可能在对企业了解基础上产生对文化的归属感和认同感，服从并接纳企业文化所倡导的精神、理念、核心价值观等，以此来做出生活方式和消费模式的改变。

在促进社会性价值形成的文化因素中，品牌被认为是企业文化中最核心的内容和最集中的体现。因为，相对于企业文化的复杂性和抽象性而言，品牌更加简单直观，易于识别和记忆，品牌往往富有文化内容及品牌故事，更加容易让顾客产生品牌联想和品牌忠诚。同时，一个强大的品牌具有非同小可的市场影响力和市场号召力，可以把相当数量的顾客集中在品牌之下，使消费同一品牌的顾客产生一种社会身份的认同感和消费文化的归属感，并在此基础上建立一种纵横交错的社会关系网络，从而获得社会性价值，满足顾客对人际交往关系的需求。

当然，海洋渔业企业产品社会性价值的形成，同样离不开功能性价值这个前提和基础，也离不能够增加顾客正向收益的心理性价值。功能性价值和心理性价值不为顾客所认可和接受，那么社会性价值就没有产生的可能性和存在的必要性。而社会性价值的产生，又为功能性价值增加了附加价值，使心理性价值的积极效应更加显著。因此，从收益角度而言，功能性价值、心理性价值以及社会性价值是相辅相成、共同促进的关系。

4.2.1.4 海洋渔业企业产品或服务的经济性价值的形成过程

经济性价值是顾客对购买产品或服务"值与不值"的判断，是对购买行为的收益与支出之间的一种衡量。对于任何通过市场交易才能获得的产品或服务而言，购买者都必须要付出相应的代价，这种代价不仅仅是购买时需要支付的金钱，而且还包括"获得它的辛苦和麻烦"（亚当·斯密，1776）。这种"辛苦和麻烦"除了货币成本之外，还包括信息搜寻成本、产品或服务的比较成本、时间成本、精力成本、体力成本等。比如，作为中国比较流行的滋补品之一的干海参，其产地、养殖方式、炮制手段等方面存在的差异，使得海参产品的品质也有差异。对于购买干海参产品的消费者而言，从外观上只能观察出海参大小、色泽、轻重等方面的物理差异，产品的养殖环境、养殖地点等方面的差异必须经过考察才能获得相关信息。购买过程中也要进行询问、对比等，所以顾客支付的不仅是海参的货币价格，还有搜寻信息、对比产品以及购买过程的消耗等。此外，还有购买此种产品而放弃彼种产品产生的机会成本。前文所分析的功能性价值、心理性价值以及社会性价值等都是顾客购买过程中获得的收益，而经济性价值则是顾客购买活动中付出的代价。根据成本核算的相关内容，海洋渔业企业产品或服务的经济性价值形成于原料、原材料成长阶段，这是构成产品成本的主要内容。同时生产、加工阶段耗费的原料、原材料以及其他费用也是构成经济性价值的内容之一，在产品流通阶段，产品或服务的营销推广费用、售后服务费用、顾客购买耗费的时间、精力等也是构成经济性价值的内容。

海洋渔业企业产品或服务的经济性价值的形成过程如图4-6所示。

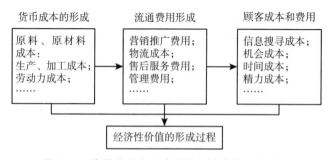

图4-6 海洋渔业企业产品的经济价值形成过程

如图 4-6 所示，海洋渔业企业产品的经济性价值的形成，包括货币成本、流通费用、顾客成本和费用三个部分的形成。在目前的生产经营条件下，企业产品或服务的货币成本一般保持在一定水平上，短时间内不会发生比较大的波动，流通及顾客服务成本和费用所占的比例越来越大。在这种情况下，海洋渔业企业既要保证以产品或服务为载体的功能性价值、心理性价值及社会性价值的形成是市场所需要的，又要监测经济性价值的形成过程并采取有效控制措施，使整个价值形成过程符合企业预期目标。

4.2.2　海洋渔业企业产品或服务价值形成的关键环节

海洋渔业企业的产品或服务能不能被目标顾客认可并购买，关键在于以产品或服务为载体形成的价值能否满足顾客的需求。作为企业，特别要识别并关注产品或服务提供的关键价值能不能满足顾客需求的重要条件（加贝，2013）。从目前的市场环境来分析，满足顾客需求的重要条件包括几个方面：可靠的产品或服务质量；较高的产品或服务的可区分度；方便快捷的交易网络和服务支持系统。对海洋渔业企业产品或服务而言，符合这三个条件的价值形成过程的关键环节包括：原料、原材料获取及生产与加工环节，产品或服务的市场营销环节，以及交易网络及服务支持系统的建设环节。这三个环节分别决定了产品或服务的最终质量水平、产品的差异化竞争优势以及交易成本的高低。

4.2.2.1　原料、原材料获取及生产、加工环节

原料、原材料生产与加工环节决定了海洋渔业企业产品或服务的功能性价值的高低，也是决定产品质量水平的关键环节。顾客做出购买决策的重要前提之一就是产品或服务的质量可靠，能够获得有效的功能性价值。前文在分析功能性价值的形成过程时提出，海洋渔业企业产品或服务的质量是决定功能性价值的重要指标之一；产品或服务的种类不同，其质量指标不一样，功能性价值的内容和水平也有差异。但是，不论是哪一种产品或服务，原料、原材料及生产加工环节都是价值形成的关键环节之一。

对于那些经过简单分拣就可以购买、消费的产品来说，顾客价值形成的关键环节就是原料、原材料的生长、发育阶段，原料、原材料的质量水平决定产品或服务的价值高低。而对那些需要经过一次加工、甚至是多道工艺技术加工之后才能购买、消费的产品而言，价值的高低不仅取决于原料、原材料的生长、发育状况，而且加工阶段所采用的生产工艺技术也决定了产出品的质量水平差异和产品类型的不同。但是，归根结底，原料、原材料的生长、发育状况，及其具体的生

产加工工艺等的不同，是决定海洋渔业产品顾客价值差异性的重要环节，同时也是形成其他价值内容差异性的基础和前提。

要形成企业产品或服务价值的差异性，就必须获取不同种类、不同品质的产品原料、原材料，或者对同样的原料、原材料采用不一样的生产、加工技术，使产品或服务的功能性价值具有不同的内容，以获得产品或服务的差异化价值优势。

4.2.2.2 产品或服务的市场营销环节

产品或服务的市场营销环节决定了价值形成过程中的市场认可程度。在海洋渔业企业的生产经营活动中，除却地理区域限制性因素带来的产品或服务差异之外，随着生产经营环境的日益趋同，生产加工技术的日趋一致性，产品功能性价值越来越同质化。海洋渔业产业竞争越来越激烈，同类产品或服务层出不穷。企业要想引导顾客从众多产品或服务中特别挑选某一个，就必须使产品或服务脱颖而出，让顾客在接触企业产品或服务时能够有所触动，能够获得物质和情感方面的所有满足，才能保证企业价值创造活动的成功。换句话说，就是企业不仅要追求产品或服务的功能性价值的差异性，而且还要让产品或服务获得市场上的区分度，满足顾客心理、精神等方面的个性化需求，通过塑造差异化优势赢得顾客青睐和市场影响力。以市场营销活动来塑造企业形象和知名品牌，不仅使顾客获得心理性价值、社会性价值，还可以使得海洋渔业企业获得差异化竞争优势。

不同的企业形象和品牌形象所传递的价值内容具有差异性，而企业形象往往通过品牌形象体现出来。海洋渔业企业通过品牌塑造、品牌推广来建立产品或服务的市场区分度，为顾客的选择购买提供判断依据。现代市场营销的伟大贡献就是认识到品牌塑造、品牌推广对企业的重要作用。品牌不仅仅是一系列符号以及文字的组合，是企业文化、产品品质等的代表，而且它还是一种可以和市场分享的经营理念。在市场推广阶段，一个好的品牌可以激发顾客的积极情绪，建立企业与顾客之间的信任感和亲和感，对顾客的购买态度和购买行为都产生正向的影响。一个具有市场号召力的品牌，可以缩短顾客的购买决策过程；顾客接触品牌时甚至会根据直觉，判断产品和服务是否值得拥有。企业可以通过品牌名称、市场行为、图形标示、物流、商品包装和设计等来向顾客传递其价值观，对顾客购买行为施加影响。

在市场营销环节，海洋渔业企业还可以通过广告、公共关系、人员推销、营业推广等促销手段来塑造企业形象、推广品牌，以信息、情感的沟通促使市场交易的实现，满足顾客的价值追求，并建立与顾客的长期关系。无论多么优秀的产品或服务，如果没有营销活动的推广，也可能"养在深闺人未识"。

4.2.2.3　顾客接触环节

不管是哪一种产品和服务，只有通过一系列与顾客接触，才能使顾客了解企业产品或服务，产生对企业文化及品牌的信任感、归属感，并建立起比较牢固的商业关系。在这个过程中，以产品或服务为载体的功能性价值、心理性价值、社会价值等才会产生并得到实现。所以，顾客接触环节也是价值形成过程的关键环节之一。海洋渔业企业与顾客的接触，主要是在价值的创造及形成过程中进行信息沟通，在增进双方理解的前提下，保证顾客的参与及价值共创活动的进行，实现企业及顾客的价值目标。

在价值形成过程中，海洋渔业企业的顾客接触环节主要包括：（1）价值界定阶段，企业对市场及目标顾客进行研究，将顾客的创意和对产品的要求融入产品设计开发中，在一定程度上为顾客定制预先做好准备。价值界定是否准确，直接决定最终的价值能否实现。因此，海洋渔业企业应该仔细研究市场，了解顾客需求及发展变化趋势，才能保证价值形成过程的顺利进行。例如，对海水养殖企业而言，必须了解目标顾客对养殖海产品的需求及其变化，才能按需养殖，并制定相应的风险控制方案，以避免未来可能面临的损失。对海洋渔业加工企业而言，同样需要进行市场研究，了解顾客对加工海产品在品种、品相、口味、价格、品牌等方面的要求，然后采用先进的加工技术进行生产加工，才能提供市场需要的产品。（2）价值创造与形成阶段，是企业将界定的价值附加于产品或服务之上的过程。在这个阶段，海洋渔业企业需要根据顾客不同的价值预期，进行产品或服务的生产，使以产品或服务为载体的价值创造及形成能够满足顾客价值需求。例如，海洋养殖企业如果开发海洋观光旅游业务，必须在对市场进行充分研究上，界定观光旅游业务的价值内容；同时采纳顾客的反馈意见，对业务流程进行整合，充分利用现有的资源，按照既定价值目标进行价值创造，促进价值形成过程的顺利进行。在这个阶段中，顾客的参与对价值创造及现场观察显得尤为重要。因此，海洋渔业企业应该顾客深度访谈、顾客俱乐部等方式，积极与顾客接触，广泛搜集顾客意见，方便顾客的参与，才能有利于价值形成过程的进行。（3）价值传递及交付阶段，是企业将作为价值载体的产品或服务交付到顾客手中的阶段。在这个阶段，顾客接触主要包括：企业利用不同媒体针对顾客的信息传播与沟通；在卖场为顾客提供的接待、咨询、购买服务；售后在为顾客提供安装、维修、投诉、索赔等时进行的接触。所有的接触环节，顾客都会对价值形成过程产生或大或小的影响，并对价值能否实现产生直接影响。

4.2.2.4 物流环节

高效畅通的物流系统可以缩短企业与顾客之间的空间距离，降低交易成本和其他费用，同时也可以大大降低顾客的经济性价值。在功能性价值、心理性价值以及社会性价值不变的情况下，经济性价值的降低，意味着顾客在同样交易条件下，获得的价值收益增加。现代物流强调产品或服务的流通从工厂门口直接到达顾客门口，短渠道的直销模式最符合现代物流的要求，同时也更有利于价值交付。

为此，现代物流系统设计必须要考虑几个因素：完整迅捷的信息支持；现代化的物流设施；物流系统参与者的关系管理。完整迅捷的信息支持，可以有效整合供求信息，使供货方和需求方的信息有效的匹配起来，便于特殊产品或服务的定制和及时发货，也便于企业安排运输工具及时交货。目前，我国海洋渔业企业产品供求结构不合理，存在一定的供求不均衡。单从海洋鱼类产品而言，由于市场分布不均，客户管理不完善，供求总量存在明显的不平衡。具体来看，我国海洋鱼类产品的生产主要集中在东部及东南沿海地区，中部地区和西部地区所占比例很有限；而需求则是全国性的。所以海洋鱼类产品供求存在地域间的不平衡。同时，相当一部分海洋鱼类产品往往作为生鲜食品直接进入市场、被消费掉。要克服市场供需的地区不平衡，就要求具备相应的简单加工、保鲜技术。此外，我国为保护海洋渔业资源，在东海、黄渤海、南海海域施行了伏季休渔制度，海洋鱼类产品供需也出现了季节性不平衡的问题。消除海洋渔业产品的供求不平衡问题，有效满足市场需求，就必须根据海洋渔业企业的供应总量、市场需求水平进行未雨绸缪地规划。这一切都离不开信息支持。

不同产品对物流设施的要求也不一样，例如海洋渔业企业的生鲜产品，在长途运输时都要求有冷冻、冷藏等存储条件，否则产品非常容易因变质而废弃；即使在短途运输时，海洋渔业生鲜产品对运输工具等也有一定的要求。只有这样，物流环节的海鲜损坏率才会降低，物流成本才能得以控制，经济性价值才会降低。

只有物流系统参与者之间的紧密合作、协调一致，才能保证上下级各个业务环节之间紧密衔接，降低成本，提高效率。特别是对生鲜海洋渔业产品而言，产品保质期短，方便的存储空间，合适的冷冻方式，方便快捷的交通运输，以及上下游企业之间的稳定关系就显得尤为必要。目前，海洋渔业企业在物流环节的渠道冲突非常普遍。最主要的原因是：同类海洋渔业企业缺乏统一的战略目标和营销规划，市场管理系统不完善。物流环节的渠道冲突主要表现在：首先是利益争夺导致的冲突。由于物流系统参与者各方只考虑自己的短期利益，而没有从长远考虑自己以及上下游客户的利益，产生了利益的争夺。其次，是成本分担不均衡导致的冲突。有些海洋渔业企业的产品在仓储方面要求很高，物流成本也很高，所以生产商和分销商都想把这些工作推给对方，而没有考虑成本共担所导致的冲突。最后，分销商同时经营两家或两家以上企业的同样产品，所造成的物流参与者之间的冲突。这些冲突的存在，不仅降低了物流效率，而且损害了整个经营环境，使企业的长远发展受到不良影响。因此，加强物流系统参与者的关系管理，是解决渠道冲突、提高物流效率的必然选择。

以上笔者对海洋渔业企业价值形成过程的关键环节进行了系统分析，只有对这些关键环节进行科学管理，才能保证价值形成过程的顺利进行，满足顾客价值诉求，并实现企业价值目标。

4.3　海洋渔业企业价值链及其构建分析

对海洋渔业企业价值链的分析，本研究主要采用迈克尔·波特的价值链分析工具。波特（Porter，1985）认为，企业的所有生产经营活动都是价值创造活动，而所有的价值创造活动就构成了企业的价值链。不同企业的价值链千差万别，每一条价值链都代表着企业竞争优势的潜在资源。价值链是一个连续完成的活动，是把原材料转化为最终产品的一系列过程，这些活动和过程构成了企业价值创造的行为链条。而一个企业的价值链是由以独特方式联结在一起的九种基本活动类别构成的，包括 5 种基本价值创造活动和 4 种辅助价值创造活动。波特的企业基本价值链参看第 2 章的图 2-2。

根据波特的价值链理论，本研究认为，海洋渔业企业的价值形成过程实际上就是一条完整的价值链，此价值链也可以划分为以上九种基本价值活动，这九种基本价值创造活动决定了价值形成和创造的效率，决定企业的产出水平和竞争能力。以下对此进行详细分析。

4.3.1　海洋渔业企业价值链现状

新中国成立以来，我国海洋渔业产业经历了曲折的发展历程，而海洋渔业企业也经历了国家海洋政策变更带来的冲击，以及改革开放带来的国外海洋企业竞争压力和市场机会。特别是加入 WTO 以后，中国海洋渔业企业更是进入了一个崭新的发展阶段。21 世纪是海洋经济时代，各国在海洋领域的资源争夺和市场竞争必将日益激烈。我国海洋渔业产业也面临更多的挑战和发展机遇，如何抓住机会实现产业水平的提高，是迫切需要解决的问题。同时，随着贸易壁垒的减少，我国海洋渔业产业必然要加快与国际接轨的步伐。如何在国际渔业产业的竞争中站稳脚跟，是理论研究者需要思考的战略课题，也是关系每一个海洋渔业企业生死存亡的问题。

从目前的具体情况来看，中国海洋渔业企业价值链呈现出以下几个特征：

首先，海洋渔业企业价值链数量众多，且表现出低水平重复的态势。按照波特的价值链理论来解释，海洋渔业产业内的每一个企业的生产经营活动就构成了一条价值链，各个企业的价值链是相互交织、相互影响的。由于我国海洋渔业产业还处于发展、成长阶段，有市场影响力的大型企业比较少，而分散的中小企业数量众多。因而，海洋渔业企业规模小，数量多，企业价值链的数量也多。同时，一部分海洋渔业企业，尤其是水产品加工企业，存在着企业规模小，管理水平低下，设备陈旧，技术落后等一系列问题。企业关注的价值活动主要集中在技术要求低、价值增值比较小的捕捞、养殖等生产环节，而无法兼顾价值增值比较大的精加工、研发、营销等价值创造活动。由此造成了我国海洋渔业企业的资源配置不合理，价值链出现了大量的低水平重复，产出效率低下。

其次，海洋渔业企业价值链短，且价值链的结构不完整。波特认为，完整的企业价值链应该包括九种价值创造活动：其中有内部后勤、生产经营、外部后勤、市场营销、服务等五种基本价值活动，以及基础设施建设、人力资源管理、技术开发、采购等四种辅助价值活动（Porter，1985）。而从我国海洋渔业产业的整体情况来看，产业结构仍然是以低附加值的海洋渔业捕捞与生产为主、高附加值的深加工产业与其他服务业为辅的产业结构。产业内缺乏有市场领导力的龙头企业和名牌产品，无法有效构建完整的企业价值链。对于多数中小海洋渔业企业而言，不仅缺失基础设施建设、人力资源管理、技术开发等辅助价值创造活动，而且市场营销、服务等主要价值创造活动也存在严重不足。这样，使得我国海洋渔业企业价值链偏短，价值创造活动的链条不完整。此外，目前关于海洋渔业企业的价值链构建，更多地局限在一个企业内部，而没有建立起与上下游企业、其他相关企业的价值关联。中小企业由于资金、企业实力的制约，价值链不完整；而大企业由于缺乏市场洞察和长远发展的战略眼光，价值链也不完善。

再其次，海洋渔业企业价值链的信息化水平低。企业价值链的高效运转和对市场的迅速反应，离不开完善的信息系统的支撑。只有建立起基于目标顾客需求的顾客数据库，能够准确判断哪些价值创造活动能给企业和顾客带来价值增值，满足企业与顾客的价值追求目标，才能构建符合市场要求的企业价值链。但是，目前海洋渔业产业的信息系统建设落后，阻碍了产业内部以及不同产业之间信息交流的数量和质量，企业内部的部门之间以及企业与顾客之间的沟通也经常阻塞，使得许多海洋渔业企业无法及时掌握准确具体的市场信息，更无法对国内外市场变化做出迅速反应。信息化水平低，使企业信息无法及时传达给顾客，顾客的信息也不能迅速为企业所用，降低了信息共享带来的扩散效应，反过来又造成了海洋渔业企业价值链的低效率。

最后，海洋渔业企业对价值创造关键环节的识别和管理主动性低。以价值形成过程为基础的价值链管理理论及其应用在我国企业界还是一个比较崭新的课题。长期以来，我国众多企业的经营管理基本上处于经验管理阶段，限于种种条件，很少有机会接触和采用科学理论来指导企业的生产经营和营销活动；也没有认识到识别和管理关键价值创造环节对培育企业竞争优势的重要性。海洋渔业企业也存在同样的问题，企业价值链往往是自然形成的，缺乏对价值创造关键环节的识别和管理的主动性，也没有重构不合理价值链的能力。在价值链理论中，任何一个价值创造环节都可能成为低成本或差异化竞争优势的来源；但是，对于不同企业而言，价值链的某一个或某几个环节可能成为企业价值创造的关键环节，可以使企业获得独一无二的竞争优势。但是，对于我国多数企业而言，其实际的生产经营活动与先进企业管理理论差距其远，更不用说主动识别和管理企业价值链的关键价值创造环节。

目前海洋渔业企业价值链并不是科学意义上的价值链。从以上的分析可以看出，价值链的现状降低了我国海洋渔业产业的整体发展水平和竞争能力，使企业的市场适应能力大大减弱。因此，我们有必要分析现有海洋渔业企业价值链存在的问题及其原因，以提高海洋渔业企业的营销能力。

4.3.2　海洋渔业企业价值链存在的问题及原因分析

由于我国海洋渔业企业整体发展水平比较落后，企业价值链也呈现出低水平重复、价值链构成不完整、信息化水平低等态势，制约了海洋渔业企业的市场开拓能力和竞争力的提升。具体来看，海洋渔业企业价值链存在问题的原因包括：

首先，企业经营管理缺乏顾客导向，市场观念落后。不根据市场类型的差别来规划企业的生产经营，以生产能力的大小决定市场服务内容的多少。由于低端市场的开发需要更少的投入，顾客需求的满足更加简单、直接，所以很多海洋渔业企业乐于专注于中低端市场的经营活动，建立了众多低水平重复、结构不完整的企业价值链。由此造成了中低端市场供过于求的局面，市场饱和，企业举步维艰，有的甚至到了破产倒闭的境地。例如，海参、鲍鱼是传统意义上的高级滋补养生产品，可以直接食用进补。随着社会养生理念的兴起，以及社会大众消费水平的提高，海参、鲍鱼已经走上了平民的餐桌。由于野生海参、鲍鱼的数量有限，远远不能满足顾客需求，所以海水养殖企业蓬勃兴起。但是很多海水养殖企业根本不考虑顾客需求内容和类型，一味扩大规模，忽视产品质量的提高和精加工环节，造成了产能严重过剩、产品质量下降。2014 年，中国海水养殖企业海参、鲍鱼的产出量达到了历史新高，产品质量参差不齐，产品价格下滑严重，损害了企业利益，也损害了顾客利益。以鲍鱼为例，市场上单只鲍鱼的价格从几十元，下降到每只只有三五元钱，原先的高端产品成了现在的地摊货①。但是，在一些高端市场上，养殖环境优越，生长周期长的优质产品，却仍然存在供不应求的局面。而企业由于缺乏对目标顾客需求内容的了解，加之囿于当前的技术水平和生产能力，造成了无法有效地满足目标市场需求。海洋渔业企业只有遵循顾客导向的经营理念，加强对市场的研究，才能根据市场需求安排产能，避免市场供求的剧烈波动，更好地满足目标顾客的需求。

其次，海洋渔业企业缺乏对价值链的系统认识，更谈不上把价值链理论运用到企业的经营活动中去。不少企业的市场经营活动带有很大的随意性，缺乏科学的战略规划和精确的市场研究，对价值链各个环节的相互作用、相互影响知之甚少，没有系统研究价值形成过程及其规律性，因此，降低了价值链的运行和产出效率。此外，还有的海洋渔业企业片面追求单一价值创造活动的优化，而忽视了对价值链各个环节的统一管理和协调，从而影响其他价值创造活动的成本和收益，整个价值链的价值创造水平也受到很大的制约。例如，有的海洋渔业企业过于关注生产经营环节，而忽视对市场的基础性研究；有的企业热衷于营销推广，对产品本身与市场需求的匹配缺乏前瞻性研究。这样，都会影响价值形成过程，无法构建科学合理的价值链。实际上，企业价值链的每一个价值创造环节都是相互作用、相互促进的。此外，企业类型不同，市场的供求状况不同，那么企业价值链的不同环节在价值创造及形成过程中的地位和作用也不同②。因此，海洋渔业企业应该认识到自身在理论支持方面的欠缺，用科学的理论武装自己，才能明确发展道路。否则，海洋渔业企业的发展必将陷入眼光短视、顾此失彼的窘境中。

再其次，多数海洋渔业企业关键价值创造活动缺失或者是薄弱，无法培育长期持续、难以复制的竞争优势。海洋渔业企业往往集中在价值链的低端环节，如简单的捕捞、养殖、粗加工等价值增值不大的环节，所提供的产品往往质量差异不明显，同质性严重，造成企业市场竞争能力低下，很难抗衡激烈的市场争夺。例如，对于海洋渔业加工企业来说，精加工技术、工艺水平会影响产品的质量，而我国海洋渔业加工企业的精加工技术和工艺水平都有待提高。对于海洋生态旅游企业而言，富有特色的旅游服务产品以及餐饮、交通、旅馆等其他关联企业辅

①　根据 2014 年《青岛早报》的相关数据整理。
②　王琴：《跨国公司商业模式——价值网络与治理逻辑》，上海财经大学出版社 2010 年版，第 73～74 页。

助性服务的支持才能满足顾客良好的旅游服务体验，而企业在服务创新、服务产品整合方面还存在显著的不足。

最后，海洋渔业企业价值链的信息系统不完善。价值链的有效运行，必须有资金流、产品流、信息流的支撑，缺乏任何一方面，价值链就无法成为真正意义上的价值创造链条，而只能是分崩离析的价值活动片断。现在，有些海洋渔业企业尽管引入了 ERP、CRP 等管理软件，但是还没有真正实现企业内部的信息共享，企业与市场的信息通道也无法做到通畅无阻，这也导致了企业对市场反应的滞后性，不仅无法有效满足消费者的需求，降低企业市场效率；而且还可能造成企业产品积压、产品滞销等问题，使企业陷入市场反应慢而导致的顾客需求难以满足的发展怪圈。

以上问题暴露了海洋渔业企业现有价值链存在的种种弊端，它将影响企业今后的健康持续发展。只有根据内部经营条件的变化以及市场环境的改变，构建新型的企业价值链，才能提高企业生存、发展能力，以及对市场的适应能力。

4.3.3　海洋渔业企业价值链的构建

价值链构造是企业为顾客创造独特的价值、满足顾客一系列需求，并同时塑造企业竞争优势、实现企业价值的过程。因此，价值链构造是一个连续完成的活动，是把原材料转化为最终产品的一系列过程，并为顾客创造和提供多种利益、满足感，这些活动和过程构成了企业价值形成过程的行为链条。

参考第 2 章图 2-2 波特企业价值链模型，我们以某一海洋养殖企业为例来简单说明价值链的构造过程。如图 4-7 所示。

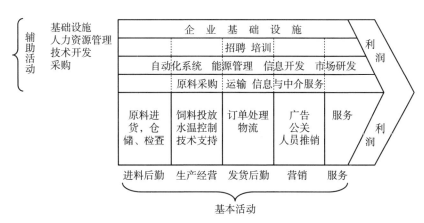

图 4-7　海洋渔业养殖企业的价值链

从图4-7中，我们可以结合海洋渔业养殖企业的生产经营活动，简单总结其价值链构造过程。把企业价值创造活动分为基本活动和辅助活动。组织实施企业基本活动，包括企业养殖活动、进料后勤、发货后勤、市场营销和售后服务等；辅助活动包括企业为保证基本养殖活动进行，而必须进行的人力资源管理、技术开发、采购活动和企业的基础设施等。基本活动和辅助活动共同构成了海洋渔业养殖企业的价值链。在这些价值创造活动中，多数企业可能只参与其中的某一些价值创造活动，但并不是在每一个环节都能创造价值，而只是在某些特定环节的价值活动才创造价值，这些能够创造价值的环节是企业价值链上的重要环节。企业要保证竞争优势，实际上就是在重要环节上来保持优于其他竞争对手的优势。

对于海洋渔业养殖企业而言，利用波特价值链模型构造企业价值链，就是要密切关注企业的行业定位，科学分析企业资源状况，培育在关键环节的竞争优势地位，以形成和巩固企业在行业内的竞争地位。海洋渔业养殖企业的资源优势可能就是优越的地理资源、海域资源、养殖技术或者是市场服务等方面，一家海洋渔业养殖企业可能只占据其中一种或几种优势。因此，海洋渔业养殖企业在构造其价值链时，要充分利用自己在养殖方面的优势，并在价值链构造中充分发挥自己在养殖环节某一方面的优势，努力为目标顾客提供多方面的利益和满足感。例如，某养殖企业可以利用自己在产业内技术、研发等方面的巨大影响力，在产业内提倡技术革新，提高整个养殖产业的技术水平和产出质量，制定行业管理规范，在积极发挥行业带头作用的同时，也带动相关企业和产业的发展，为顾客提供多种价值利益，也促进企业价值目标的实现。

4.3.4 海洋渔业企业价值链发展模式的特点[①]

通过构建完整的价值链，营造海洋渔业企业良性发展的生态系统，是中国海洋渔业企业未来发展的必然选择。所谓海洋渔业企业价值链发展模式，实际上就是能够促进可持续发展，能够为顾客创造有竞争优势价值的发展方式。尽管海洋企业类型众多，企业价值创造活动也有不同，但是，不同价值链的构成具有共性。具体来看，不同企业的价值链能创造出不同水平的价值，价值形成过程的效率不同。有竞争能力的价值链能够创造并形成具有独特优势的价值，从而获得顾客的认可并保证企业价值的实现，由此可见，价值的形成过程有赖于企业价值链每一个环节的改进和企业的不断创新。不仅企业内部存在着独特的价值链，而且

---

① 海洋渔业产业发展模式研究2006年教育部重大课题。

不同企业之间的价值链之间存在着相互连接的关系，产业内所有企业的价值链共同组成了复杂的价值链体系，反过来又对企业价值链也产生相应的影响。

波特（1998）的价值链理论认为，企业的一系列价值创造活动构成了企业的价值链，价值链不仅将企业内部的价值创造活动联结起来，而且也将企业与供应商、物流参与者、买方的各种活动联结起来，并通过这些联结活动培育企业竞争优势。波特把价值链的价值创造活动分为内部后勤、生产经营、外部后勤、市场销售、服务等五种基本价值活动，和采购、技术开发、人力资源管理、企业基础设施等四种辅助活动[①]。根据波特的理论，海洋渔业企业的价值链也可以划分为九种基本价值活动，采用价值链分析框架。运用波特价值链理论，结合海洋渔业产业的具体特点，价值链发展模式的特点可以总结为以下几个方面：

首先，价值链发展模式应该坚持顾客导向的经营理念。作为消费者，顾客的需要和欲望很少独立存在，它是由层次不同的需要和欲望构成的一个连续的整体，所以对顾客需求的满足过程也是连续不断的。在顾客与企业的关系中，顾客在消费中得到的价值来源，主要取决于海洋渔业企业的价值链提供的整体产品的好坏及其价值水平的高低。可以说，企业的基本价值链活动所塑造的产品，不仅在一定程度上决定了价值形成过程的合理性，价值目标能否实现，也决定了顾客满意与否和满意的程度，而且还直接决定了产业的发展前景。因此，从这个意义上看，坚持顾客导向，通过价值链发展模式创造价值的活动才能适应内外环境的要求，提供给市场的产品才会具有竞争优势，从而得到顾客的认可，最终才能保证特定的顾客价值实现。从图 3－1 中，我们看到双向流动的信息流的存在，这在一定程度上说明了顾客对于价值链发展模式的重要影响。由此可见，在构成以顾客为导向的企业经营理念中，企业必须围绕顾客满意及顾客满意的延伸——社会满意，来构造自己的价值活动。

其次，海洋渔业产业的价值链发展模式具有共性特征。尽管一个产业中不同企业价值链会由于产品线的不同特征、买方、地理区域或分销渠道的不同而有所不同，但是，一个产业所有企业的生产经营活动是有共同特征的，即：其基本价值链是相同的。企业要想在市场竞争中获得优势，比竞争对手更能得到顾客的拥戴，就必须在基本价值链的某一个或几个环节做得比竞争对手好，具有竞争优势，能创造优势价值，才能赢得顾客。如果基本价值创造活动缺乏竞争优势，存在低水平重复等问题，那么，企业在产业价值链中就失去了存在的必要。另外，价值链发展模式把企业价值创造活动作为研究对象，使企业在自省其身时，能进一步了解自己的优劣势，从而扬长避短，培育价值活动中的竞争优势，更好为顾

---

① 迈克尔·波特：《竞争优势》，华夏出版社 1998 年版，第 33～43 页。

客服务。

最后，价值链发展模式跨越了企业边界，使价值创造活动从生产领域扩展到消费领域。一个企业的价值链具体是指企业整个创造价值的生产、经营活动，它不仅包括企业的市场上的调研、产品推广、广告、公共关系、销售等营销活动，还包括企业生产产品所进行的生产活动，也就是前面我们所介绍的波特的企业价值链所包括的九种价值创造活动。海洋渔业企业的价值链不仅包括海洋渔业产品的供应、加工等活动，而且也包括海洋渔业产品市场需求调研、产品推广、针对社会公众的广告、公关、各种促销活动等。许多价值创造活动不仅在一个企业内部完成，而且也突破了企业的边界，使价值链发展模式具有更加丰富、更加复杂的内容和方式。在有些情况下，价值链发展模式甚至跨越了产业边界，涉及两个或多个产业领域。这与我们所研究的价值形成过程在本质上是一致的，即：价值链发展模式归根到底就是在价值形成过程中，企业所选择的发展方式及其与目标顾客价值诉求的匹配；同时，顾客在价值形成过程的参与能力，也决定价值产出水平。

价值链发展模式是一种比较高端的企业发展模式，它把企业存在、发展的要义通过价值创造形成过程体现出来，使企业的经营活动过程有了更加明确的目标和指向。海洋渔业企业价值链发展模式是企业满足顾客需求、提升企业竞争力的必由之路。当然，关于海洋渔业企业采用价值链发展模式时，如何通过价值形成过程来提高其营销能力，将在后面章节中进行阐释。

第5章 海洋渔业企业营销能力分析

了解海洋渔业企业营销能力培育现状，探讨营销能力的来源及形成过程，分析营销能力培育中存在的问题，可以促使海洋渔业企业采取有针对性的措施，寻求有效培育企业营销能力的新途径，以提高企业的市场生存能力和市场拓展能力。

5.1 海洋渔业企业的营销现状分析

中国海洋渔业企业在改革开放之后得到了长足的发展，取得了丰硕的成果，特别是在产品、服务的供应数量方面，有了极大的增长。特别是海洋捕捞业和海水养殖业在技术、产品改良、市场开拓、顾客服务、需求满足等方面，与改革开放之前相比，取得了不可同日而语的成果。特别是在市场营销方面，海洋渔业企业随着市场经营环境的变化，逐渐增强了市场意识，并通过营销活动的开展，抓住市场机会，为企业创造了发展壮大的良机。

5.1.1 海洋渔业企业的基本情况

从总体上来看，中国海洋渔业产业发展趋势良好，增长强劲。自改革开放以来，国民经济整体发展迅速，在海洋渔业产业方面，水产品产量连续20多年稳居世界第一。近年来，随着国家"海洋强国"战略的实施，国家对海洋产业的发展倾注了更多的关注和努力。从海洋渔业企业的供应来看，我国海洋渔业供应总体稳定，海水养殖产量逐步增长，远洋捕捞渔业的综合实力也随着技术手段的应用而不断增强。2012年全年海洋渔业实现增加值3652亿元，比2011年增长6.4%。根据海洋资源的具体情况以及环境保护的需要，以及随着市场需求的不断增长，中国在努力发展远洋捕捞业的同时，大力发展海水养殖业。《中国渔业发展第12个五年规划（2011～2015年）》提出，到2015年年底，全国水产品产量应该超过 6000 万吨，其中养殖产品的产量应该占到 75% 以上，海洋水产品要占到一半以上，这样才能使国内市场供求有效的衔接起来。有关数据表明，中国已经顺利完成了渔业发展的第 12 个五年规划所确定的计划，海洋渔业逐渐成为仅次于滨海旅游业和海洋交通运输业的第三大海洋产业①。

从我国海洋渔业企业的具体情况来看，产业内既出现了一批有市场影响力的海洋渔业企业，但是也存在大量实力弱、规模小、市场影响力小的中小企业。浙江省远洋渔业集团股份有限公司、大连獐子岛渔业集团股份有限公司、威海渔业有限公司、中国水产舟山海洋渔业公司、上海远洋渔业有限公司、福建省三沙渔业公司、海南翔泰渔业有限公司等，都是在产业内、地区市场上有一定影响力的企业。但是，从总体情况上来看，我国现有的海洋渔业企业的营销状况不容乐观，多数企业更加注重资源的占有和利用，关注技术普及和技术水平的提高，而较少进行目标市场调研和消费者购买行为的研究，企业在品牌培育和推广、顾客服务方面都做得不理想。下面我们从产品和服务、企业市场表现、产品和服务在国际市场上的地位等几个方面对海洋渔业企业的现状进行分析。

产品和服务是任何企业从事营销活动的基础，也是海洋渔业企业开展营销活动的基础之所在。海洋渔业企业的产品主要是对包括海洋鱼类、甲壳类等在内的海洋生物进行养殖、捕捞、交换、消费以及经过与之相关的实现水产品增值和满足市场需求的所有环节和过程而输出的有形物。海洋渔业企业的产品既包括没有经过加工的鱼类、甲壳类、头足类等海洋生物，主要是满足人们对海产品的食品方面的需求，及其他以海洋生物为原材料的加工企业产出的产品。海洋渔业企业产品是食品、医药、化工企业的重要原料和原材料。我国海洋资源丰富，主要包括海洋鱼类、甲壳类、头足类、棘皮类、藻类等；其中海洋鱼类占绝对优势。世界海洋鱼类超过 1.6 万种，每年所捕捞的 6000 万吨水产品中，90% 以上都是鱼类。而在我国的海域内，有记载的鱼类数量大约是 1694 种，由于过度捕捞和海洋环境的恶化，目前有捕捞价值的鱼类大约为 1500 种左右，海水产品的产量稳定在约 3000 万吨左右。

具体来看，2013 年，我国水产品总产量为 61720029 吨，比上年增加 4.47%。其中，海水产品为 31388253 吨，占水产品总量的约 51%，比上年增加 3.48%。而在海水产品中，海水养殖产品为 17392453 吨，比 2012 年同期增长 5.81%；海洋捕捞产量为 12643822 吨，比 2012 年增长 −0.22%；远洋捕捞渔业为 1351978 吨，同期增长 10.51%。在地区水产品产量中，占前五位的省份是山东、广东、福建、浙江、江苏。其中海水养殖过百万吨的省份为山东、福建、辽宁、广东、

---

① 根据《2015～2020 年中国海洋渔业市场分析与投资趋势研究报告》资料整理。

广西；海洋捕捞产量比较大的省份是浙江、山东、福建、广东、海南。我国远洋渔业尚处于起步阶段，捕捞产量比较少，目前远洋渔业发展较快的省份是浙江省，2013 年远洋捕捞量为 368186 吨；其次是是福建省，远洋捕捞量为 230526 吨；再次是辽宁省，远洋渔业产量为 204434 吨；随后是山东省和上海市，分别是 113062 吨和 105186 吨[①]。

随着市场需求量的不断增长，水产品的价格也呈现持续上涨势头。据对全国 80 家水产品批发市场成交价格的统计，2012 年水产品批发市场综合平均价格为 19.29 元/千克，同比上涨 5.76%；其中海水产品综合平均价格为 34.81 元/千克，同比上涨 10.28%。2013 年全国水产品批发市场运行平稳，价格稳定。据统计，2013 年水产品批发市场综合平均价格 20.95 元/千克，同比上涨 6.79%；其中，海水产品综合平均价格 37.95 元/公斤，同比上涨 6.18%。按照统一的统计口径，2014 年 1~6 月水产品批发市场综合平均价格 22.42 元/千克，同比上涨 3.71%；海水产品综合平均价格 41.52 元/公斤，同比上涨 4.16%。可见，海洋渔业产品的供应量不断增加的同时，海水产品的价格也不断提高，反映了市场旺盛的需求。此外，海水养殖、海洋捕捞以及远洋渔业也为海洋渔业企业提供了丰富的原料和原材料，是企业进行深加工和生产经营的基础。

我国海洋渔业企业加工能力也逐步增强。从 2012 年的数据来看，当年水产品加工总量为 1907 万吨，同比增长 7.0%；其中海水加工产品 1563 万吨，同比增长 5.8%。水产品加工企业的数量是 9706 个，同比增长 1%，加工能力达 2638 万吨，同比增长 8.6%。从总体来看，海洋渔业加工企业的数量比较稳定，但是小企业由于自身实力的局限逐渐退出市场，而那些拥有先进技术、优良装备的企业逐渐发展起来，加工能力不断提高，产品结构也不断优化。但是，与发达国家达到 60%~90% 的水产品加工能力相比，2012 年我国水产品整体加工能力仅仅是 36.2%，差距还是相当大。海水产品的加工比例高于淡水产品的加工比例，为 53.6%，同比提高了 1.2%；在传统的冷冻、冷藏、罐装和鱼糜制品等初步简单加工产品基础上，由于加工技术的不断创新，海洋功能性食品、海洋药物、海洋化工产品、海洋化妆品等高附加值的产品也取得了较大的进展，推动产业结构的不断优化[②]。特别是大型的海洋渔业加工企业，能够引进国际先进技术和设备，根据市场需求对特色海洋资源进行精细化、标准化加工，丰富了产品类型，提高了产品质量，满足了市场对海洋渔业产品的多样化需求，推动了我国海洋渔业加工企业的生产能力和市场竞争能力的不断提高。但是，我国海洋渔业还缺乏真正

[①]　《2014 中国渔业统计年鉴》，第 209~210 页。
[②]　《2013 中国渔业统计年鉴》，第 1~6 页。

具有产业影响力和国际影响力的综合性大型加工企业，缺乏名牌产品和品牌意识。

总的来看，根据海洋渔业企业经营类别的不同，其产品主要分为第一产业的海洋捕捞、海水养殖企业提供的初级产品；第二产业的水产品加工、鱼用饲料、鱼用药物、鱼用机械制造等企业提供的加工产品和辅助产品；第三产业的水产品物流、储运、休闲渔业等企业提供的产品和服务。我国海洋渔业企业的产品和服务的基本特点是：产品附加价值含量比较低，初级产品的比重大，深加工产品比重小；价值潜力比较大的海洋渔业服务缺乏有效的开发和管理；不同产业内的企业合作少，缺乏系统规划的产业链和有竞争优势的价值链。

为了增强海洋渔业产业整体的竞争实力，中国海洋渔业加工企业在生产、技术等方面不断突破，实现产品的多样化，可以满足消费者的不同需求。但是，产品质量和企业的市场表现一般。特别是产业价值链的整合和产品服务综合竞争能力方面，还需要不断提高。从海洋渔业企业产品和服务在国际市场的地位来看，我国海洋渔业产品的出口市场主要是日本、美国、欧盟、东盟、香港特区、韩国、中国台湾等国家和地区。但是，2013年以来，我国在多个市场的出口增长下降，特别是对欧盟、韩国市场的出口下降特别明显，分别比2012年下降9.73%和6.84%。在出口省份中，山东和福建的出口量占到全国出口总量的接近一半，其他沿海各省也是出口的主要省份，山东、福建、辽宁、广东、浙江、海南、江苏、广西等省和自治区的出口额之和占全国水产品出口总额的93.9%。2012年我国水产品出口贸易顺差为109.85亿美元，同比增长12.44%，出口额占农产品出口总额的比重为30%，水产品继续位居大宗农产品出口首位。在出口产品中，优质养殖产品继续保持主导地位，主要包括对虾、贝类、鳗鱼、罗非鱼、大黄鱼、小龙虾、鲟鱼等。除个别产品外，这些产品的价格受到资源短缺、自然灾害、生产成本等方面的影响，保持持续上涨状态①。值得注意的是，在我国海洋渔业企业出口产品中，生鲜食品以及作为加工原料的初级产品所占的比例相当大，价格水平低，盈利率低，而附加价值较高的精深加工产品定价高，盈利率也高，但在出口产品总量中所占比例比较低。这说明中国海洋渔业企业在国际市场的地位比较弱。

5.1.2 海洋渔业企业的市场优劣势分析

我国海洋渔业企业与欧美、日本等海洋强国相比，在总体实力上弱于对方。

① 《2013中国渔业统计年鉴》，第5~9页。

具体来看，在企业规模、市场影响力、技术水平、创新能力等方面，中国海洋渔业企业也与海洋强国有较大的差距。例如，美国是世界上最有影响的超级海洋大国，它一直把开发海洋战略作为国家的长期发展战略，各届政府都把海洋战略纳入国家整体战略之中。自 20 世纪 60 年代以来，美国政府制定实施的海洋战略就包括：《我们的国家和海洋—国家行动计划》（1969 年）、《全国海洋科学规划》（1986 年）、《海洋行星意识计划》（1995 年）、《美国海洋 21 世纪日程》（1998 年）、《制定扩大海洋勘探的国家战略》（2000 年）、《21 世纪的海洋蓝图》（2004 年）、《2006 年美国海洋政府报告》（2007 年）、《21 世纪海上力量合作战略》（2007 年）等。这些战略性政策的制定和实施，保证了美国长期以来的"制海权"优势①。在国家海洋战略的指导下，美国海洋渔业企业也得到了长足的发展。其他海洋强国，包括日本、英国、法国等，重视海洋产业的扶持力度，海洋渔业的发展都呈现较好势头。与之相比较，我国海洋渔业企业既有相对的政策优势和自然地理优势，也存在一些影响企业成长的弱势。

我国海洋渔业企业由于得天独厚的自然条件和悠久的经营历史，故具有一些基于资源方面的优势，主要包括海洋渔业资源的多样性优势，产品和服务的价格优势，营销优势和自主优势。资源方面的优势，主要是得天独厚的自然和地理环境造就的资源多样性。价格方面的优势，主要是我国海洋企业的产品主要是未经过加工或只经过简单加工的初级产品，由于附加价值低，不管是作为最终消费品还是进一步加工的工业原料，进入市场的定价水平都比较低。营销优势主要是建立在中国庞大的国内市场规模基础之上，以及海洋渔业产品作为营养价值高的食品种类之一，有深厚的顾客基础，并受到越来越多的消费者的青睐。

由于我国海洋渔业企业市场化进程比较短，与发达国家的海洋渔业企业相比，具有非常明显的市场劣势。我国海洋渔业企业的劣势主要包括企业品牌培育与推广、技术开发和应用、质量管理以及产品或服务设计等方面。具体分析如下：

5.1.2.1　品牌培育与推广方面的劣势

海洋渔业企业的产品和服务主要是为了满足人们海洋性食品方面的需求，长期以来企业的主要任务是生产和经营，而不重视品牌的培育和推广工作。因此，中国海洋渔业企业不仅对现有的特色渔业产品缺乏商标保护，而且在一定程度上缺乏主动创造有市场影响力的大品牌和知名品牌的能力。从日本海洋企业的市场实践来看，从 2013 年 4 月 1 日起，日本农林水产省启动了"区域产品商标登记

---

① 殷克东、卫梦星、孟昭苏：《世界主要海洋强国的发展战略与演变》，载《经济师》2009 年第 4 期。

制度"，对区域性特色水产品进行强制性商标登记管理，加强保护力度，包括大分县的"朱荑鱼"、"鲐鱼"，北海道和鸬川的"多春鱼"等都已经申请商标登记。与此同时，海洋渔业生产企业、加工企业及其商业企业等都要致力于开发、创造有高附加值的市场名牌产品，以发挥产业共同创牌的作用。中国海洋渔企业在保护传统的特色渔业产品、创造市场名牌方面还有很多的工作要做。

5.1.2.2　技术开发和应用方面的劣势

技术劣势一方面表现在海洋渔业产品的精深加工技术落后；另一方面主要是海洋渔业企业船舶设施及相应技术落后，服务水平低下。目前，我国海洋加工企业的加工能力尽管有一定的提高，但是主要限于冷冻、冷藏等初步加工技术的应用，整个产业缺乏精深加工的技术和能力。海洋渔业企业的生产能力和水平很大程度上依赖船舶工业的生产技术水平和能力。我国海洋渔业船舶工业尽管起步晚，整体发展速度比较快，至 2008 年年底我国规模以上船舶工业企业约 1242 家，我国船舶工业造船产量连续多年居世界第三，预计 2015 年年底我国船舶产量将达到世界第一①。但是，我国船舶工业的计算化、数字化、网络化等方面还需要继续学习发达国家的经验，在技术创新、知识产权等方面与世界先进水平相比较，还需要继续增强自己的软实力。

5.1.2.3　质量管理劣势

质量管理方面的劣势主要是中国在食品及相关产品的质量监管、管理规范等方面，还有不尽完善的地方。海洋渔业企业产品是人们重要的食品来源之一，但是海洋鱼类从海洋捕捞，从养殖场的生长、繁育等开始，一直到消费者的餐桌，整个过程缺乏系统、全面的质量监管手段和措施，导致海洋渔业企业的最终产品存在若干质量问题。海洋捕捞企业的产品由于环境、生态、气候等的影响，产品质量很不稳定；而海水养殖企业的产品，完全可以凭借严格科学的生产过程质量管理来保证最终产品的品质。但是，我国在海水养殖企业的饲料、饵料、药品的使用比较随意，管理制度有不少漏洞，导致最后的产品良莠不齐。质量可靠的产品始终是营销活动顺利开展的前提和基础。因此，海洋渔业企业采用全面质量管理势在必行。

5.1.2.4　产品或服务设计劣势

产品劣势主要体现在目前海洋渔业企业产品种类比较单一，以食用为主的初

---

① 《2014 中国渔业统计年鉴》，第 71～79 页。

级产品比重大，附加价值比较高的精深加工产品及海洋服务产品比重比较小。2012 年我国海水产品加工比例尽管已经上升到 53.6%，与发达国家 60%～90% 的加工比例的差距有所减小；但是我国海水产品的加工主要是以附加价值低的冷冻、冷藏等初加工为主，附加价值高的海洋药物、海洋化工产品的比例比较小，降低了我国海洋渔业企业的盈利能力。提供休闲、旅游等服务的海洋渔业企业存在服务设计不合理、服务流程不畅等问题，以致无法有效满足目标顾客的需求。随着人们生活水平的不断提高，消费需求日益多样化，特别是对满足精神和心理需求的休闲旅游服务有更多的要求和期望。海洋渔业企业拥有重要的旅游资源，海岸线、海洋景观、海洋鱼类等可以满足顾客旅游、餐饮、休闲等方面的需求。但是，只有把不同的资源整合起来，加强企业与企业的合作，才能真正满足人们在休闲旅游方面的多种需求。然而，目前的状况是：不仅海洋渔业企业与交通、餐饮、旅游公司等之间的合作很少，而且不同的海洋渔业企业之间也缺乏沟通合作。这样就导致了海洋渔业旅游市场分割、服务效率低下等弊端，顾客的需求往往被迫分割成碎片，需要购买不同企业的产品和服务来满足自己的旅游休闲需求。这样，不仅旅游服务过程被割裂，价格高，而且容易造成游客旅游体验差的问题。例如，甲一行 10 人要到某市的 A 海水生态养殖基地进行垂钓休闲旅游。比较理想的状态是，甲到达某市机场（或者火车站）时，与 A 海水生态养殖基地有业务合作的出租公司的车辆（或摆渡车）直接把客人甲接到目的地，入住预定的合作酒店，然后相应的旅游服务公司根据量身定制的日程安排，由专人、专车带领客人进行观光游览、垂钓等，其他餐饮、健身活动等也有相应的衔接，保证顾客的服务需求得到一条龙式的满足。这样会极大提高顾客休闲旅游的效率和舒适性，降低顾客成本，提高顾客满意度。但是，现在的实际情况是：甲一行 10 人到达某市，自己租车到达预订酒店，然后到 A 海水生态养殖基地后，自己联系船只出海垂钓，返航后交回所租赁船只，再自己寻找饭店就餐，自己搭乘交通工具返回酒店。这样，顾客休闲旅游的舒适度差，效率低，成本高，顾客满意度也较低。如果哪一个环节出现了问题，比如出海垂钓所租赁的船只费用偏高，或者是交通不方便或车辆车况差等，都会降低客户体验，打击客户继续出游的积极性，同时还可能出现负面口碑。结果会使海洋渔业企业的旅游资源闲置、盈利率低下、市场开发能力难以得到有效提高。

　　海洋渔业企业的优势保证了我国海洋渔业有广阔的市场发展空间，但是其劣势却限制了企业市场拓展的能力。要提高海洋渔业企业的国际市场竞争能力，企业必须加大品牌培育力度，不断进行技术创新，建立全面质量管理体系，以顾客需求为中心设计产品或服务流程。

5.1.3 海洋渔业企业的营销措施及效果

改革开放以后，我国海洋渔业企业努力学习西方国家先进的企业经营理念和市场管理手段，使企业获得了良好的经营效果。但是，由于受到历史传统、政治政策、经济发展阶段等环境因素的综合影响，海洋渔业企业在市场营销管理方面还存在不尽如人意的地方。

从目前的营销活动实践来看，海洋渔业企业的营销措施主要集中在终端市场上产品促销策略的制定和实施，包括为推广产品或服务而设计、播放的广告，为促进顾客购买而在卖场进行的折扣或限时特价销售等等。从其目的来看，海洋渔业企业的营销活动主要还是服务于产品、服务的推销或销售，以提高销售量，保证短期内获得更多的利润。由于传统经营习惯的束缚，中国海洋渔业企业缺乏系统、科学的营销活动规划，特别是缺乏营销战略和策略的长远性规划。例如，为塑造企业或品牌形象，需要对目标市场需求有一个准确、精细的把握，对消费者的消费习惯、饮食偏好、生活方式、社会文化等有充分的了解，才能有针对性地开发设计相应的产品或服务，塑造顾客期望的企业形象或品牌形象。但是，我国海洋渔业企业对营销活动的规律性把握不足，缺乏制定科学的营销战略的前瞻性眼光，营销策略难以落地，营销效果不理想。

海洋渔业企业营销效果不理想主要表现在：营销活动随意性强，缺乏统一部署和科学规划；海洋渔业产业内部、企业与企业之间、企业与市场之间都缺乏畅通无阻的信息沟通，难以形成供给和需求的有效衔接，营销效率低下；对营销活动形成的无形资产，包括商标、商誉、顾客关系、客户名单等，重视程度不够；营销活动中，企业的服务意识不够，缺乏为顾客提供整套问题解决方案的积极性和主动性，顾客满意程度低；等等。

为了改善海洋渔业企业的营销效果，就要了解海洋渔业企业营销能力的来源和形成过程，从主客观两个方面入手来促使企业进行有效的营销规划。

5.2 海洋渔业企业营销能力的来源和形成过程

海洋渔业企业和其他类型的企业一样，营销能力的高低决定了企业营销效果的好坏，也决定了企业在市场上的未来发展潜力。了解营销能力的来源和形成过程，企业可以借助内外力量有意识地促进营销能力的形成及形成水平。

5.2.1　海洋渔业企业营销能力的来源

营销能力说到底就是海洋渔业企业利用各种资源、能力等为企业创造的独特的市场竞争地位，通过差异化途径保证企业获得较长时间竞争优势的能力。如同企业能力主要来源于企业所拥有的资源和核心能力，海洋渔业企业营销能力的来源主要是各种有形资源和无形资源，以及对有形资源和无形资源的整合利用。

传统意义上的有形资源包括财务资源、组织资源、实物资源、技术资源等，它们是企业营销能力的重要来源，也是其他一切能力形成的基础和保证。因为，企业要投入生产运营，必须有相应的物质资源作为基础和保障；否则，产品的生产和服务的提供就成为一句空话。特别是在实体经济时代，对于一个企业而言，没有有形资源，也就没有生产运营的可能性，更谈不上进行营销活动。只有在财务、组织、实物、技术等有形资源有保证的前提下，才能生产出符合市场需求的产品或服务，企业才有了营销对象和营销目的。营销能力的高低在很大程度上取决于企业产品或服务的质量高低及与市场需求的吻合程度。可见，有形资源在其中起着决定性作用。海洋渔业企业的营销能力也必须要以有形资源做支撑，如果没有财务资源、组织资源、实物资源及技术资源作为企业经营活动的基础，就不可能通过资源的投入来生产特定的产品或服务满足顾客需求，也就谈不上营销能力的培育问题。同时，企业占有生产经营所需的全部有形资源的可能性在降低；租赁、外包、战略联盟等的出现，扩大了海洋渔业企业有形资源的来源和获取途径，也为营销能力培育开创了新的途径。海洋渔业企业的营销能力就是获得企业生产经营必需的各种资源的能力，各种资源与顾客需求的相容性，以及不同资源之间的整合方式等。随着经济的不断发展，特别是经济的全球化及企业国际化战略的实施，加上电子商务的迅速发展和网络技术的普遍应用，有形资源作为营销能力来源的重要性在下降，有形资源对经济发展的贡献有所减弱。而与此相反的是，无形资源对经济发展的贡献却随之增加。肯德里克（1992）的研究表明，在美国早期的企业中，无形商业资本与有形商业资本的比例是 30% 和 70%；到了 1990 年，该比例变为 63% 和 37%。无形资源成为营销能力的重要来源，主要是与企业营销方式和营销目的的变化密不可分[①]。

作为企业营销能力重要来源的无形资源主要包括企业在长期经营过程中塑造的品牌、积累的商誉、形成的持久客户关系，以及获得的客户名单等[②]。对于海

　　[①②]　迈克尔·希特、R·杜安·爱尔兰、罗伯特·E·霍斯基森等著：《战略管理：竞争与全球化（概念）》，吕巍译，机械工业出版社 2003 年版，第 96～116 页。

洋渔业企业来说，其营销能力也不外乎是服务市场的能力、培育及推广品牌的能力、适应市场变化的能力、学习及创新能力等。在现有的市场条件下，各个企业之间有形资源方面的差异越来越小，以有形资源为基础生产的产品或提供的服务也越来越趋于同质化；靠有形资源获得竞争优势的营销能力日渐削弱。相反，买方市场的出现，网络技术的普及，新的生活方式的流行等，使海洋渔业营销能力的来源也逐渐从有形资源转移到无形资源方面。例如，品牌被认为是现代企业最有价值的无形资源，而品牌的培育和推广，除了有良好的产品和服务为支撑，更需要企业付出巨大的营销努力。一个企业如果能够通过恰当的利用各类资源，设计、培育、推广符合企业形象的品牌，说明了企业营销能力水平比较高。可以说，企业通过营销活动不断积累无形资源，而无形资源的积累也意味着企业营销能力的增强。

适应市场变化的能力也是基于海洋渔业企业掌握的市场信息、顾客大数据等无形资源之上，逐渐形成和发展起来的。海洋渔业企业要想使自己的产品或服务能够很好地满足市场需求，必须对目标顾客的需求有适时了解，并能够对不同顾客的需求变化做出快速反应，才能抓住市场机会，为企业赢得发展良机。在网络技术、新媒体技术广泛普及的情况下，企业可以运用有形的技术资源，实现对顾客消费轨迹的及时跟踪，对收集到的市场信息和顾客消费大数据进行及时分析，来寻找改善产品和服务的机会，以便适应处于变化中的顾客需求，并针对顾客的个性化需求提供量身定制的产品或服务，培育企业的差异化竞争优势。例如，海洋渔业企业可以与电商加强合作，掌握目标顾客信息，了解并追踪顾客对海产品的购买频率、购买种类、消费方式、消费金额等方面的信息，在此基础上为顾客量身定制产品配送方案，最大限度满足顾客对海产品的购买、消费需求。只有这样，才能保证海洋渔业企业在未来的市场竞争中立于不败之地。

学习能力是现代市场经济条件下组织为了适应市场和提高市场竞争力必须具备的能力。现代企业必须具有长远的战略规划方案和良好的学习习惯，才能不断适应变化的市场。海洋渔业企业的学习能力主要包括：（1）建设创新型企业文化，鼓励新思想、新观点的产生和交流，激发员工的创新性思维以及参与企业事务的积极性和主动性；（2）企业要建立良好的人才储备和培育机制，要把学习能力和未来的职业发展潜力作为招聘、选拔员工的重要批准之一，同时要有科学的岗位培训计划和员工自我学习机制；（3）企业要把学习能力的培育和提升作为战略规划和战略管理的重要内容之一，保证企业在任何情况下都能够沿着正确的方向发展；（4）企业要向行业内企业、行业外企业以及世界先进企业等不同的企业学习，发现和分析管理、营销等方面的差距，借鉴其他企业的经验和教训来减少本企业的经营风险和管理成本；（5）海洋渔业企业还要根据企业自身的特点和复杂的市场情况，来确定学习能力应该包含的内容，以及主要的学习途径和方法；同时鼓励员工培养自我学习的心态和习惯，以实现企业知识的多元化，从总体上提高学习能力。

不论是基于有形资源的营销能力还是基于无形资源的营销能力，其作用的发挥都有时间的限制，即营销能力也有自己的生命周期阶段，而不是一成不变的。营销能力的形成与企业当时所处的市场环境及企业的具体情况密切相关。企业要想拥有持久的营销能力，必须不断地重新定位、重新认识顾客、进行营销创新以适应市场，对营销能力进行持续调试，才能保持自己的生命力和市场竞争优势地位。

5.2.2　海洋渔业企业营销能力的形成过程

正如上文所述，海洋渔业企业的营销能力主要是企业通过对有形资源和无形资源的有效整合和配置使用，提高企业产品或服务与市场需求的吻合程度，增强资源与顾客需求的相容性，创新不同资源之间的整合方式，以获得高水平的服务市场的能力、培育及推广品牌的能力、适应市场变化的能力、学习及创新能力等。

海洋渔业企业的营销能力的形成是一个时间变量，即新创企业不可能一开始就有所谓的营销能力，而在位企业所拥有的营销能力有强有弱；任何企业的营销能力都是一个从无到有、有弱变强的过程，必须要有一种外在的推动力量，通过有效的途径，来培育企业营销能力。营销能力的形成过程，实际上就是企业营销能力形成过程所跨越的时间阶段，以及对影响企业营销能力培育的主要因素进行分析和研究。企业营销能力的形成过程就是企业在内外因素的共同作用下，企业整合利用有形资源和无形资源来促成营销能力形成的过程。在这个培育和促成营销能力形成的过程中，有的企业起点高一些，有的企业属于白手起家。

企业营销能力形成过程所经历的时间阶段主要包括：营销能力孕育阶段；营销能力的发展阶段；营销能力的成熟阶段。（1）营销能力孕育阶段，主要是新创企业或者是进入一个新产业的企业营销能力形成所经历的阶段。对于海洋渔业企业而言，营销能力的孕育阶段主要是积累各种资源，掌握市场知识，利用各种信息技术手段追踪顾客消费轨迹，掌握市场变化趋势，从而逐渐形成对目标顾客的认知能力和服务能力，为营销能力的孕育寻找方向和最佳时机，也是营销能力从无到有的过程。（2）营销能力的发展阶段，主要是基于孕育阶段所积累的资源和信息，确定营销能力培育的重点，有计划、有目的地培育企业营销能力，以使企业能够扬长避短，适应市场环境和顾客需求的变化。（3）营销能力的成熟阶段，是指企业在某些方面已经有了突出的营销能力，其他企业望尘莫及；同时企业根据需要不断发掘新的营销能力，以保证企业在市场竞争中始终居于优势地位。例如，一个新创办的海洋渔业加工企业在创立初期，拥有一定的资金、设备、厂房、人员、组织、加工技术等有形资源，而品牌、商誉、客户关系等无形资源比较缺乏。该企业只能在对市场了解基础上，根据自己对市场的调查和预测，整合企业资源，确定目标顾客的需求，为之生产、提供他们需要的产品或服务。如果企业预测准确，产品或服务的市场可接受程度比较高，那么营销能力也随之逐渐培育起来，此为营销能力的孕育阶段。在这一阶段中，企业的产品或服务和市场需求的吻合程度比较高，那么营销能力的培育方向准确。企业可以进一步强化对目标市场需求动向的把握，提高产品或服务质量，加强与顾客的沟通，塑造企业良好形象，使企业及品牌的知名度和美誉度得以扩散，营销能力继续强化和提高，此为营销能力的发展阶段。如果企业在继续发展过程中，资源整合效率不断提高，品牌资产持续增加，客户关系呈现良性状态，忠诚顾客的数量和质量不断改善，那么就进入了营销能力形成的成熟阶段，企业可持续发展成为可能。可见，营销能力的形成过程，实际上就是在资源整合基础上，企业不断提高适应市场能力的过程。海洋渔业加工企业营销能力的形成过程如图5－1所示。

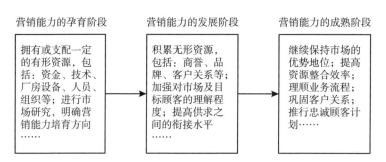

图5－1 海洋渔业加工企业营销能力的形成过程

企业营销能力形成不仅取决于企业自身行为，同时也取决于企业所在的产业市场及其他企业的市场行为。图5－1所示海洋渔业加工企业营销能力的形成过程中，其营销能力的形成同样也需要市场上其他企业的协作。在营销能力孕育阶段，海洋渔业加工企业往往需要获得金融机构的资金支持，或者要借助专门的市场调查公司来进行市场调查和研究，以掌握必要的信息。在营销能力发展阶段，海洋渔业加工企业也需要与专业的广告公司、公关公司进行合作，以制定并实施更加有效的营销推广方案。在营销能力成熟阶段，海洋渔业加工企业不仅需要继续巩固已有的营销能力，而且还需要继续发掘新的营销能力来源，以保证企业发展后续有力。因此，一个企业营销能力的形成过程要考虑到各种因素的影响。

影响海洋渔业企业营销能力形成的因素主要包括：（1）以有形资源为主的物质基础。有形资源是企业产品或服务设计生产的物质条件，也是服务市场能力形成的前提。没有了有形资源为主的物质基础，企业营销就失去了存在的必要性和可能性，营销能力更加无从谈起。因此，海洋渔业企业应该占有或有权支配一定的资源，并不断拓展资源获取途径，为营销能力的形成奠定基础。（2）人力资本的流动以及溢出效用情况。营销能力的形成很大程度上取决于企业人力资本，特别是营销人员的素质和能力。高素质人力资本的流动以及由此带来的技术溢出效用，可以促进企业生产经营效率的提高，从而改善流入企业的生产效率①，营销能力相对得以提高。对海洋渔业企业而言，人力资本溢出效应同样在营销能力的培育中发挥重大作用。（3）产业内外企业之间的合作——学习的溢出效应。学习的溢出效应在很大程度上表现为在学习、借鉴原有知识经验基础上所进行的知识再造，是企业创新能力的源泉之一。产业内外企业之间的学习，不仅可以促进知识、技术、管理经验等的传播和扩散；而且还可以在合作交流过程中通过带动、模仿、激励、链锁等方式创造新的知识，扩大学习的溢出效应，提高企业营销创新能力。可见，海洋渔业企业之间的合作影响营销创新能力的提高。（4）技术扩散和技术转移。在一个开放的市场环境中，营销能力的形成和提高才有实现的可能性。因此，在产业内外，有良好的机制可以保证技术扩散和转移，才能使营销能力的孕育具备技术上的可能性。

海洋渔业企业营销能力的来源，取决于企业对各类资源的掌握和整合利用情况；在营销能力形成的不同阶段，要根据不同阶段企业的具体情况、营销目标、市场环境等，有重点、有选择的塑造企业独特的营销能力。

5.3　海洋渔业企业营销能力
培育中存在的主要问题

中国海洋渔业企业的市场化进程比较短暂，尽管在营销能力的培育方面已经取得了初步的成效。但是，仍然存在很多问题阻碍海洋渔业企业营销能力的培育，影响了企业竞争优势的获得。这些问题主要包括：

---

① 王恬：《人力资本流动与技术溢出效应——来自我国制造业企业数据的实证研究》，载《经济科学》2008 年第 4 期，第 99~109 页。

5.3.1 营销能力培育途径比较单一

中国海洋渔业企业的发展，走的也是一种靠实物资源、靠投入为主的粗放式发展模式。在营销能力的培育方面，同样存在培育途径单一化的问题。简单地说，很多海洋渔业企业仍然属于资源依赖型企业，只有依赖实物资源的足量供应，才能维持正常的生产经营活动。营销能力的培育和增强，也是基于实物资源基础之上，主要表现为所提供的产品或服务满足市场一般需求的能力。资源数量越多、越充足，可投入的资金量越大，那么企业就越有可能扩大生产规模，相应的，满足市场需求的能力也越强。

从现在的市场条件看，海洋渔业企业越来越多地受到资源和环境两方面的约束，基于资源基础之上的营销能力培育潜力也变得越来越小。因此，海洋渔业企业只有开拓新的营销能力途径，从市场研究、新的顾客服务技术的应用、无形资源的开发和使用等方面入手，才能保证多领域、多渠道的培育和增强企业营销能力。

5.3.2 营销能力培育缺乏主动性和方向性

目前，海洋渔业企业缺乏培育营销能力的主动性和方向性。不少海洋渔业企业关注的不是营销能力的培育问题，而是短期内企业的盈利水平问题。虽然短期内营业额的高低、市场份额的多少，在一定程度上也反映了企业服务市场的水平和能力，但是，从长期看，却不足以保证企业的可持续发展。市场化进程比较短暂，也造成了我国海洋渔业企业市场敏感性比较差，一味被动应付市场变化，而不是主动适应。同时，企业在培育、推广品牌方面的努力，以及适应市场未来变化、积极学习和创新等方面的付出，需要正确的战略指导和长期、大量的资金、人力资源等方面的投入，但是很有可能在短期内无法给企业带来直接的经济利益。这也使得海洋渔业企业缺乏培育营销能力的主动性。

我国海洋渔业企业在战略方向的确定、科学的市场研究、营销方案的制订等方面都存在若干不足之处。毕竟，我国海洋渔业企业按照市场规律运行的时间还比较短暂，市场化运作还不成熟。因此，海洋渔业企业在培育营销能力时，难以根据市场环境和企业自身的资源情况，及时判断并确定正确的营销能力培育方向，在营销能力的培育方面存在很大的盲目性和随意性。所以，营销能力的培育效果不佳。

5.3.3　营销能力的培育主体不明确

中国海洋渔业企业的营销能力是高还是低，直接决定企业未来的发展潜力。但是，由于营销能力的培育需要较长时间的投入，加上企业营销能力为国家、产业、企业等带来的综合成效，在长期内才会在各方面逐渐显现出来，短期内效果不是很明显。因此，营销能力培育的主体不明确，政府、产业部门、企业到底谁应该负主要责任，谁负辅助责任，没有明确的界定。

目前，国家非常关注海洋渔业产业的发展，也重视企业营销能力的培育问题。政府主管部门更多的是制定产业发展政策，明确海洋渔业产业发展的方针和政策，促进海洋渔业产业健康、有序、快速发展。如，2013 年国务院发布了促进海洋渔业持续健康发展的若干意见，指出这个海洋渔业产业应该坚持生态优先、养捕结合和控制内海、拓展外海、发展远洋的方针，重点是加强海洋渔业资源和生态环境的保护，不断提高海洋渔业可持续发展的能力。但是，到底应该如何调整目前的海洋渔业产业结构和布局，加强企业生产、研发、市场营销等方面的综合能力，还是需要产业和企业去落实。我国产业协会在指导产业发展、企业运作等方面的作用不是很显著，落实国家产业政策、培育营销能力等方面的工作，也需要企业来承担。然而，大多数海洋渔业企业缺乏纵观全局的能力，也无法准确预见当前为培育营销能力所付出的努力是否可以收到应有的回报，因此缺乏行动的主动性和积极性。此外，我国曾长期实行计划经济，在一定程度上制约了海洋渔业企业的市场化思维，养成了一些企业向上级部门坐、等、要、靠的不良习惯，缺乏独自应对市场的勇气和能力。这样，政府、产业、企业都无法在营销能力的培育过程中独当一面，造成了营销能力培育主体不明确，营销能力的培育成效低下，使得我国海洋渔业企业整体市场竞争力非常弱，严重影响了企业的可持续发展，以及向更广阔市场拓展的能力。

5.3.4　营销能力的培育缺乏系统规划和全面整合

从战略高度进行营销规划，在了解市场的基础上制订科学合理的营销策略，才能使企业营销能力的培育具有方向和重点。根据前面的分析可以看出，海洋渔业企业营销能力的培育是一个渐进的过程，需要经历从无到有、从低水平到高水平的发展过程。这一过程具有长远性、战略性特征。因此，营销能力的培育应该从战略层面进行系统规划和资源的全面整合，才能保证企业在营销能力培育方面的努力，真正收到相应的成效。但是，我国海洋渔业企业沿用长期的生产经营方法，一直把资源的掌握数量、宣传力度的大小、生产规模的扩张等，作为争夺市场主动权的法宝。由于缺乏相应的市场研究能力，没有对目标顾客进行细致研究，也缺乏对产业内资源配置情况、产业结构优化方向等的科学分析，使得产业聚合力差，产业发展在很多情况下表现为众多企业在很低的层次上，就资源占有、生产设施、厂房设备等硬件方面进行你争我夺；而在品牌商誉、市场研发、技术应用、客户关系等软件方面的关注力度明显不够。因此，目前，我国海洋渔业企业营销能力的培育方面缺乏全面系统的规划，也没有实现对有形资源和无形资源的全面整合利用，营销能力的培育效果欠佳。

5.3.5　营销能力的培育流于形式而忽视本质

营销的本质是价值交换。因此，营销能力的高低也应该体现为价值形成和实现的能力，最终以在市场上竞争力的形式表现出来。目前海洋渔业企业在营销领域的竞争，更多地表现为产品方面的竞争，包括价格战、促销战等。特别是作为生鲜食品供应给市场的海洋鱼类产品，由于保质期限特别短，并且极易受到储存、运输等条件的制约，更容易导致终端市场的销售压力。为了在最后废弃之前卖出去，企业使出浑身解数推销产品，有时候不法企业甚至以次充好，对过期或变质的生鲜鱼类进行化学处理，以低价优惠蒙骗消费者以继续销售。不少企业认为，销售量高，盈利水平高，企业营销能力就高。这种对营销能力的认识仅仅停留在表面，营销能力高的企业，确实表现为产品畅销无阻，但是，畅销无阻只是外在的表现，产品提供的价值与市场需求的匹配是关键。没有价值的市场适用性，任何产品的畅销只能是一个假象，不可能持久。只有了解目标顾客的价值诉求，根据价值形成的规律性安排生产经营活动，才能保证提供给市场的产品或服务不仅在短时间内畅销，获得顾客的好评。同时，能够在长期内获得顾客的支持，并根据顾客需求的变化，对作为价值载体的产品或服务进行不断完善，提高供求之间的吻合程度。可见，忽视营销本质的营销能力是无法长期存在的。

5.4　海洋渔业企业营销能力培育
存在问题的原因分析

以上问题制约了我国海洋渔业企业营销能力的培育，使企业在市场上的竞争力弱化，严重影响企业对市场的应对能力和可持续发展。因此，海洋渔业企业的当务之急，是分析这些问题存在的原因，进而探讨解决这些问题的方法。总的来说，以上问题存在的原因，与我国海洋渔业企业所处的历史的、社会的大环境密切相关，但是，更重要的原因，是企业本身缺乏适应市场变化的能力，具体表现在以下几个方面：

5.4.1 过于迷信技术和产品以致观念上对营销能力培育的忽视

鉴于国内外形势，加上缺乏建设社会主义经济体制的经验，我国有很长一段时间实行计划经济，由政府部门下达生产计划，企业根据计划进行采购、生产、销售。20 世纪 80 年代以来，中国开始建设社会主义市场经济，但是长期以来形成的以政府和生产为导向的经营观念很难一下子转变过来，由此导致了很多企业缺乏研究市场、适应市场的主动性，而一味把眼睛盯在政府身上要政策、要优惠。海洋渔业企业同样存在这种现象，靠天吃饭、靠政府吃饭已成为企业发展的桎梏。在这种情况下，企业没有主动了解市场、适应市场的主动性和积极性，也就没有培育营销能力的驱动力。

随着改革开放政策的实施，企业的经营环境发生了巨大变化。特别是国有体制改革，把一大批国有和集体所有的海洋渔业企业推向市场。不了解市场发展变化的趋势，不跟随先进企业的步伐，企业就没有出路。营销能力的培育和发展是一个长期的过程，因为顾客导向的市场观念和娴熟的市场运作技巧无法短时间内掌握，而先进的技术、产品生产经验等比较容易学习和掌握。这样，中国海洋渔业企业不断引进外来的技术、产品生产线等，以期改变在市场上的落后局面。其结果是，企业花费了大量的精力和金钱，却没有收到应有的效果，营销能力仍然低下，市场竞争力无法与国际跨国公司相提并论。对技术和产品的过度迷信，也导致了海洋渔业企业过于关注眼前利益，技术改进和产品开发追求立竿见影的效果，而不重视长期的无形资源及管理经验的积累，造成了企业长远发展后续乏力。

5.4.2 产业内企业的合作流于短期化，缺乏长远眼光

良好的产业内合作，有利于整合产业资源，促进产业资源的合理配置，形成高效的、有竞争力的产业链条，并创造产业内企业发展的良好氛围。但是，我国经济发展过程中，形成的主要是以政府主导的产业发展格局。经济发展的部门分割、地区分割都比较严重，隶属于不同部门的企业由于地理位置不同，它获得资源以及所服务的市场都是不同的。在这种情况下，各地企业各自为政，不可能有

真正意义上的市场合作，基于整个产业利益或者是某个企业利益基础上的合作，很难达成一致意见。

市场经济的逐步开展，海洋渔业产业的地区分割、部门分割已经大大弱化了。但是，众多企业存在低水平重复建设，产品和服务的同质化现象严重，同时，也存在争夺资源和市场问题。从短期来看，企业之间的矛盾是不可调和的，也就无法实现真诚的合作和共同发展。正是缺乏长远发展的战略眼光，我国海洋渔业产业没有形成合理的分工合作，产业链构架不完善，产业内的企业缺少既竞争、又合作的关系。多数企业只着眼于短期的眼前利益，而对长期利益视而不见，制约了产业水平的提升，也没法有效促进企业营销能力的培育。

5.4.3 学习能力低下，市场研究深度不够

进入21世纪以来，我国海洋渔业企业的整体面貌已经有了很大改观。但是，与发达国家相比还是有很大的差距。特别是企业的学习能力和市场研究方面还远远不够，这也是造成海洋渔业企业营销能力低下的原因之一。

海洋渔业企业的学习能力低下，主要表现在：注重表面的学习，忽视内在本质学习；重视硬件方面的学习，忽视软件方面的借鉴和学习。例如，20世纪90年代初期，由国外引入的CIS（企业形象识别系统）开始在中国流行。于是乎，中国很多海洋渔业企业跟风，一哄而上搞CI设计，花大笔的钱请专家设计企业形象和品牌形象。不少企业确实也借着CI的东风，一夜之间声名鹊起；但是，好景不长，20年前的企业大多数的结果是销声匿迹了。因为，CIS不仅仅是一套外在的企业形象识别系统，而且更是一整套企业文化、经营理念和思想、企业行动规则等的综合体，缺乏这些内在的和本质的东西，外在的CI设计只能是空中楼阁。

此外，国外成功的企业不仅拥有一流的硬件设施和资源，而且同时也拥有完善的软件设施和资源。这使得企业在急剧变化的市场上具有更大的适应性和存活能力。但是，我国海洋渔业企业往往只见树木，不见森林，在学习国外经验时，首先看到的是国外企业先进的机器设备、高水平的员工、充沛的资源，而对国外企业良好的商誉、价值巨大的品牌、完备的市场信息系统、密切的客户关系等却视而不见，其结果就是学习的费用花了不少，学习的效果却很差。这也是造成海洋渔业企业营销能力低下的原因之一。

当然，造成海洋渔业企业营销能力低下的原因不仅仅是我们上文谈到的几点，还包括制度约束和历史因素方面的原因。但是，海洋渔业企业能够做到的，是在政府产业政策扶持下，利用好各方资源和能力，最大限度创造条件，培育海

洋渔业企业营销能力，提高其市场适应性。

　　总之，海洋渔业企业营销能力的培育不是一蹴而就的事情。营销能力的培育是一个渐进的过程，需要企业进行长期的资源和经验积累，不断寻求培育营销能力的价值基础，按照产业运行和价值形成的规律，进行资源和业务流程的整合，并在出现市场机会时能够果断行动，抓住机会培育并逐渐提高海洋渔业企业的营销能力水平。

第6章 基于价值形成过程的海洋渔业企业营销能力培育途径

海洋渔业企业营销能力的强弱，在很大程度上决定企业能否在市场上取得成功。但是，营销能力的培育，不仅仅是营销阶段的事情，而是贯穿企业经营活动始终的重要任务。换一句话说，海洋渔业企业营销能力的培育应该从企业价值形成过程出发，根据价值形成过程的规律和特点，寻找增加价值、降低成本的关键机会，促进营销能力的培育。本章将就此问题进行分析和探讨。

6.1 价值形成过程与企业营销能力培育的关系

价值形成过程和企业营销能力的培育是互为表里的。只有遵循价值形成过程的规律和特点，有针对性、有重点地培育营销能力，才能使企业获得市场上的竞争力和适应性。理解价值形成过程与企业营销能力的关系，有助于我们更有方向性地培育企业营销能力，保证企业的成功。

6.1.1 价值形成过程与企业营销能力培育的联系

在海洋渔业企业的生产经营活动中，价值形成过程和企业营销能力的培育是共存共生的，两者是相互依存、不可分割的关系。价值形成过程和企业营销能力的联系主要表现在以下几个方面：

首先，价值形成过程和企业营销能力的培育都具有阶段性。第4章我们介绍了海洋渔业企业产品或服务从价值界定、价值创造与形成、价值交付的一般价值形成过程，并且对功能性价值、心理性价值、社会性价值、经济型价值的形成过程逐一进行了分析；第5章我们在对海洋渔业企业及其产品或服务分析基础上，对企业营销能力培育的孕育阶段、发展阶段、成熟阶段进行了分析。从以上分析我们可以看出，价值形成过程和营销能力的培育都是具有阶段性的。基于价值形成过程的营销能力培育，也必须考察不同价值形成过程及其相关营销能力的培育。例如，营销能力的外在表现，主要体现在企业产品或服务对顾客需求的适应性；产品或服务对顾客需求的适应性主要取决于产品或服务的功能性价值与心理性价值的形成结果，而功能性性价值与心理性价值的形成都具有阶段性。再比如，海洋渔业企业营销能力中适应市场变化的能力，除了与功能性价值、心理性价值的形成过程有关，还与社会性价值、经济性价值形成密切相关。具体来说，消费者对海洋渔业产品或服务的功能性价值的要求发生了变化，那么企业就应该适时进行产品或服务的推陈出新；不同消费条件下，顾客对产品或服务的心理价值预期不同，那么企业也应该对产品或服务的市场定位做出及时调整；不同社会文化环境下，消费者人际交往的需求内容和需求对象发生了巨大的变化，产品或服务所负载的社会性价值也要随之改变；经济性价值对任何条件下的理性购买者而言，都是必须考虑的价值因素，企业所需要做的是如何采用恰当的方式来降低成本费用以满足顾客预期。

其次，价值形成过程和企业营销能力的培育都是一个渐进的积累过程。作为价值的载体，海洋渔业企业产品或服务的价值形成是一个逐步积累的过程，同样，作为企业能力内容之一的营销能力，其培育工程也是一个从无到有、从弱到强的过程。不管是价值形成过程，还是营销能力的培育过程，都要在一定的有形资源或无形资源的基础之上才能进行。因为，有形资源决定海洋渔业企业产品或服务的有用性，也决定价值产出的内容和水平，无形资源决定企业在市场上的影响力，也是价值形成过程的重要资源基础之一。即使是最具有实力的企业，它在创建初期所拥有和使用资源的数量也是有一定局限性的；随着企业规模的扩大和企业整体实力的增强，企业占有的资源总量也会逐步累加，特别是无形资源，包括企业商誉、品牌资产以及客户资源等等都会显著累加。同时，随着产业内合作以及战略联盟等的出现，海洋渔业企业可以利用和支配的资源已经远远超出了自己所拥有的数量。而以此为基础的价值形成和营销能力的培育，也有了更坚实的基础，并呈现出正向累加的态势。

最后，价值形成过程和企业营销能力的培育都存在从量变到质变的过程。包括海洋渔业企业在内的众多企业，在价值的形成过程中，关注功能性价值、经济性价值过于关注心理性价值和社会性价值。在营销能力的培育过程中，海洋渔业企业关注产品或服务的功能性价值与经济性价值满足市场需求的市场服务能力的高低，而忽视品牌培育及推广能力、适应市场变化的能力以及学习创新等营销能力的培育。因此，我们的许多海洋渔业企业在初期发展势头良好，但成长到一定阶段之后，往往会出现瓶颈，制约了企业的进一步可持续发展，甚至导致企业的破产倒闭。究其原因，主要是企业在价值形成或营销能力的培育过程中，没有实现从量变到质变的过程，仅仅停留在量变阶段，表现为企业资源和能力数量上的积累和增加，而没有实现企业发展的阶段性飞跃。例如，在价值的形成过程中，如果企业一味追求功能性价值的增加和经济性价值的降低，其营销能力也主要体现在较低层次的满足市场需求能力方面，主要强调产品或服务的价格优势，以及为顾客带来的种种经济利益，反映出来的是对市场需求的被动适应。相反，如果企业在功能性价值、经济性价值形成的同时，也有意识地促进心理性价值和社会性价值的形成，不断培育和巩固顾客对企业的归属感和认同感，势必有利于培育适应市场变化的能力和学习创新能力等，从而实现价值形成过程和营销能力培育从量变到质变，不断实现企业发展的阶段性突破。这样，企业发展的基础更稳固，抗击市场风险的能力也得以提高，营销能力的培育有了更深厚的积淀。

6.1.2　价值形成过程与企业营销能力培育的区别

价值形成过程和营销能力的培育是海洋渔业企业生产经营活动中密切关联的两个内容。但是，两者也存在显著的区别，主要表现在：从两者的性质上看，价值形成是企业生产经营的本质，而营销能力则是企业生产经营水平在市场上的外在表现。价值形成过程和企业营销能力的培育的主要区别是：

第一，从两者的表现形式上来看，价值形成整体上是一个隐蔽的过程，往往比较难以观察和监督，而营销能力则是一个显性过程，营销能力的高低则会通过企业在市场上的表现体现出来。对于价值形成过程来说，功能性价值、经济性价值的高低虽然可以通过一系列的技术指标进行衡量。但是，对其形成过程的观察和监督还是比较困难的。而构成海洋渔业企业产品或服务价值内容的心理性价值和社会性价值，在短时间内则更加难以检测。因此，从这个意义上说，价值形成过程是一个隐性过程。相反，营销能力的强弱则可以通过企业在市场上的直接表现反映出来，并且可以相对容易地检测出来。例如：海洋渔业企业产品或服务适应市场需求的能力，可以通过市场占有率、销售量/销售额等指标反映出来；企业的品牌培育与推广能力，则可以通过品牌资产的增长和品牌认可度或美誉度体现出来；企业的学习创新能力以及适应市场变化的能力，也可以通过检测企业在不同时期的增长状况反映出来。

第二，价值形成过程决定企业产品或服务的市场表现，而营销能力培育则基于价值形成的结果。在目前的市场环境下，海洋渔业企业的产品或服务在市场上表现如何，或者说其营销能力的高低，归根结底取决于产品或服务的价值形成过程。不管产品或服务的价值内容是什么，价值形成过程要有利于企业利润目标的实现，同时，价值形成过程也要有利于满足市场目标顾客的需求。因此，从根本上说，价值形成过程决定企业产品或服务的市场表现。而企业营销能力的培育以及营销能力的高低，不仅取决于企业所采取的营销工具和营销手段，而且更重要的是由价值形成过程及结果所决定。因为营销能力的强弱，首先，要看作为价值载体的产品或服务是否品质优良，是否是顾客所需要的，这主要是界定功能性价值、经济性价值形成的过程和结果；其次，营销能力的强弱，还要看企业是否有强大的品牌以及市场适应能力，这主要是在功能性价值、经济性价值形成的基础上，还要考察心理性价值与社会性价值形成的过程和结果。简单地说，没有一个完善的价值形成过程，就不可能有海洋渔业企业营销能力培育的土壤，没有有效的价值形成结果，就不可能有企业营销能力的生成和提高。

第三，价值形成过程主要取决于海洋渔业企业能够占有和支配的原始资源的数量和质量；而营销能力的培育则主要由海洋渔业企业现有的产品或服务及其市场基础所决定。从本质上看，企业的产品或服务是价值的载体；价值形成过程到底产生什么样的产品或服务，在很大程度上要看企业的资源基础：资源基础不同，价值形成的结果就不同，最终生产的产品或服务也不同。而营销能力的培育，一般假定企业首先有生产某种产品或服务的能力，然后围绕特定的顾客进行营销活动的能力和水平。企业现有的产品或服务基础不同，则营销能力有强弱之分：企业现有的产品或服务基础稳固，能培育的营销能力则可能强大，而企业现有的产品或服务基础薄弱，能培育的营销能力则可能就比较弱小。

从以上的分析中，可以得出一个结论：海洋渔业企业价值形成过程，首先，始于一定的资源基础上的价值界定，了解目标顾客对海洋渔业产品或服务的价值诉求；其次，根据掌握的资源和能力进行生产、服务流程的整合，根据目标顾客的价值诉求进行产品或服务的设计，把原料、原材料加工生产出可以在市场上销售的产品，并通过品牌培育、市场推广等方式完成价值的创造和形成过程；最后，在充分掌握信息的情况下，采用广告、人员推销等营销手段，促使供求有效衔接并实现价值的交付。在整个的价值形成过程中，海洋渔业企业的营销能力也在内外因素的推动下逐渐建立起来。价值界定阶段明确营销能力培育的方向和重点，是营销能力的孕育阶段；价值创造和形成过程实际上是营销能力的发展阶段，按照既定方向，根据企业资源基础，培育能够扬长避短的营销能力；价值交付能否顺利实现，也是企业营销能力强弱的具体体现。关于海洋渔业价值形成过程与营销能力培育之间的关系，如图6－1所示。

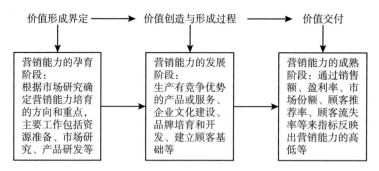

图 6 - 1　海洋渔业企业价值形成过程与营销能力培育的关系

　　总而言之，价值形成过程和营销能力的培育，可以说是企业生产经营过程中既有联系又有区别的两个概念。对于一个企业的成功，两者是缺一不可的。因此，认识到两者之间的区别和联系，可以明确企业生产经营过程中的重点和难点，更利于促进企业的可持续发展。

6.2　不同营销能力培育的价值形成过程分析

　　从上面的分析中我们可以看出，企业价值形成过程奠定了营销能力培育的基础，同时，价值形成过程也进一步决定了营销能力培育的方向和重点，指明了营销能力培育的关键环节。在前文的阐述中，笔者认为，作为企业能力内容之一的营销能力，主要包括服务市场的能力、适应市场变化的能力、品牌培育与推广能力及学习与创新能力等。下面，就对培育不同营销能力的价值形成过程做一个系统的分析。

6.2.1　服务市场能力的价值形成过程分析

　　服务市场的能力是营销能力的主要构成内容之一，也是海洋渔业企业生产经营活动能否与市场需求有效衔接的重要体现之一。服务市场的能力不仅取决于企业生产提供的产品或服务能否满足目标顾客的需求，而且也取决于企业对目标市场信息的掌握和运用情况。从这个意义上讲，服务能力的高低，一方面，要考察企业价值形成过程中功能性价值的实用性，与市场平均水平相比的经济性价值的成本控制情况；另一方面还要考察心理性价值是否符合顾客的安全、尊重、自我实现等需求，社会性价值是否符合顾客社会交往等人际关系方面的需求。

　　从功能性价值的形成过程来看，在不同的形成阶段，海洋渔业企业服务市场的能力是有高下之分的。例如，在海洋企业产品或服务的功能性价值初步形成阶段，也是海洋渔业企业产品的原料、原材料的生长发育阶段，所能够提供给市场的只有海洋鱼类等初级产品，其服务市场的能力也仅仅体现在特定时间、特定地点的产品供应能力对消费者初级生鲜食品的一般性满足。在海洋企业产品或服务的功能性价值增值阶段，由于采用了不同的生产加工手段，使同样的原料、原材料被加工成品种丰富、功能各不相同的产品或服务，功能性价值得以增值。由此，可以满足人们对来自同一类原料、原材料的不同产品的需求，服务市场的能力增强，范围扩展。在功能性价值的保证阶段，由于采用了恰当的冷藏、冷冻、包装、运输等手段，保证了顾客得到的功能性价值的数量和质量，从而进一步提高了顾客对产品或服务的市场认可程度，服务市场的能力得以巩固和完善。

　　从心理性价值的形成过程来看，在不同阶段，服务能力也处于不同的水平，并包含不同的内容。在心理性价值的形成阶段，对于企业而言主要是企业文化的建设与宣传阶段，对顾客而言主要是接受教育并形成新的消费观念的阶段，服务能力主要体现在企业与顾客的信息沟通与交流成效。如果企业与顾客的沟通成效明显，顾客因为企业的教育说服工作而接受了企业的产品或服务，形成了新的消费观念和生活方式，那么企业服务能力就有继续提高的可能性。在心理性价值的传递阶段，决定了顾客对产品或服务的态度以及心理认知程度；心理性价值的内容通过企业与顾客之间有效地连接活动、直接接触、现场体验、情感联系等互动行为得以顺利传递，而顾客因为心理的满足和情感的共鸣，其满意程度也会得到提高，服务顾客的能力也随之提高。

　　从社会性价值的形成过程来看，它首先要以功能性价值和心理性价值的形成为前提和基础，然后才有社会性价值的形成和传递。社会性价值的形成过程主要通过企业文化传播和品牌的培育和推广来实现，以此实现企业无形资产的增值，从而能使企业服务市场的能力也在深度和广度上扩展。社会性价值主要通过顾客教育、顾客组织、相关群体等进行传递，表现为对顾客生活生活方式的关注以及相应服务的提供，并通过营销推广活动来创造顾客的集体归属感，凸显顾客的社会存在感；与此同时，海洋渔业企业服务市场的能力在此过程中也得到进一步提高和巩固。

　　经济性价值主要体现在对货币成本、流通费用、顾客成本与费用的控制方面；经济性价值的形成，实际上也就是产品或服务生产经营过程中产生的货币成本、流通费用以及顾客成本与费用的总和。对于顾客而言，经济性价值越低，购买行为就越"值得"；企业与其他竞争对手相比的价格优势就会越明显，越容易取得市场的主动权；海洋渔业企业就越有可能满足多数理性购物者的购物需求，表现出来的服务市场的能力就越强。

因此，服务市场能力的培育，首先要有符合市场需求的功能性价值的形成；如果功能性价值不是市场所需要的，那么产品或服务的市场适用性就会很差，服务市场能力的培育就无从谈起。只有首先有功能性价值的形成，然后才有心理性价值、社会性价值的形成，服务市场的能力才会由弱到强。另外，经济性价值作为收益和成本的权衡，它对服务市场的能力而言是一个制约因素：经济性价值如果无法与市场平均水平持平，那么服务市场的能力也会明显减弱，甚至使企业丧失服务于特定市场的能力。

6.2.2　适应市场变化能力的价值形成过程分析

在企业市场营销活动中，规律就是变化。只有那些具备能够迅速适应市场变化的能力，企业才能在市场中存活下去。适应市场变化的营销能力，也具有其价值形成的基础。下面我们将就此做具体的分析：

从功能性价值的形成过程来看，适应市场变化的能力主要体现为：随着顾客需求及市场环境的变化，功能性价值的内容以及传递方式都会发生根本改变，以适应内外条件变化带来的对产品功能的新要求。从海洋渔业企业生产经营经营的具体情况来看，功能性价值取决于海洋渔业资源的形成状况；而功能性价值又决定产品或服务的物理性质。在很长一段时间，海洋渔业企业基本靠海吃饭，哪一片海域适合生长哪一类型的海洋鱼类，海洋捕捞企业能捕捞的就只有那几类产品，能够功能性价值增值的也只有几类产品。但是，随着自然、经济、技术等环境因素的变化，海洋渔业企业可以根据市场需求的变化来调整自己的生产经营的具体方式，以增强自己适应市场变化的能力。例如，靠海吃饭的情况下，企业所能够提供给市场的产品或服务的功能性价值，取决于当年的海洋自然环境和鱼类洄游情况等。一旦当年的海洋自然环境和鱼类洄游情况不理想，企业往往无能为力。因为其产品主要是生鲜鱼类，品种不同，价格就不同，功能性价值也不同，品相不同，即使然而功能性价值类似，价格也有较大差异。在现有的市场环境下，海洋渔业企业虽然无法完全摆脱靠海吃饭的情况，但是可以依靠科学技术手段发展海水养殖，根据市场需求情况来决定海水养殖的规模和类别，并采取不同的加工、储运手段实现功能性价值的增值和保值，更好地满足市场需求，这在很大程度上提高了海洋渔业企业适应市场变化的能力。功能性价值不同，具体的产品也不同，在适应市场变化的能力方面也有显著差别。例如，生鱼片和深海鱼油可能来源于同样的原料、原材料，但是其功能性价值具有明显的不同：生鱼片作为生鲜食品，以食物本身的营养、口味、品质来满足人们的生理性需求，适应市场变化的能力比较有限；而深海鱼油作为养生保健品，企业宣传的是其调节血脂、保护心脑、增强免疫力等方面的功效，其功能性价值满足的是顾客心理、社交等方面的需求。适应市场变化的手段是多方面的。

心理性价值是随着不同时期顾客消费观念、消费趋势的变化而变化的。海洋渔业企业适应市场变化的能力，主要体现在不同时期对顾客不同心理需求的有效满足。例如，在中国的传统饮食文化中，海洋鱼类一直被作为一种滋补性的食品而广受推崇。近年来，以海洋鱼类为原料和原材料的深海鱼油、鱼肝油、生物保健品等越来越受到市场的欢迎。海洋渔业企业根据市场需求的变化和人们消费观念的变化，不断加强企业的深加工能力，提高海洋渔业初级产品的增值水平，并通过顾客教育、企业文化传播、市场推广等，帮助顾客形成良好的心理预期，并通过有效的市场沟通，实现顾客心理性价值。在这一方面，海洋渔业企业适应市场变化的能力主要表现为对顾客心理预期的影响，以及促使顾客心理性价值实现的程度方面。

如前文所述，社会性价值主要是在企业文化传播、企业品牌培育与推广过程中形成的；社会性价值主要满足顾客在人际交往、社会生活等方面的需求，是顾客个人集体归属感和社会存在感的一种外在表现，也体现了顾客在相关群体中的社会认可程度。在不同的社会发展阶段，人们对社会性价值的关注程度也不同，社会性价值也会根据不同社会发展阶段人际交往需求的变化而变化。在农耕社会，由一定的血缘关系为基础形成的家族关系在个人生活中扮演重要角色；而在现代社会中，个人所处的社会网络以及相关群体对个人的生活起着重大影响。在这一方面，海洋渔业企业适应市场变化的能力，主要体现在企业对顾客社会性价值需求及其变化的了解及满足。例如，现代社会，人们对海洋渔业企业产品或服务的需求，不仅仅是对功能性价值和心理性价值的追求，而且也包含特定产品或服务背后的企业文化和品牌给顾客带来的关系价值。海洋渔业企业通过不断传播有时代特色的企业文化并培育和推广具有人文情怀的品牌，来适应顾客对人际关系、社会归属等方面的需求，以此提高企业适应市场变化的能力。

经济性价值是对购买活动收益与成本之间的一种权衡，是对购买行为"值与不值"的理性分析和主观判断。适应市场变化的能力，在经济性价值的形成方面主要体现在要根据市场环境带来的各类成本费用所占比例的变化，企业可以进行有侧重点的成本控制活动，以便使企业的经济性价值与市场持平或低于市场平均水平，取得更大的定价主动权和灵活性。在目前的市场条件下，各个企业的生产装备大致相同，产品或服务的货币成本趋于接近，而营销推广、物流、客户服务、客户关系管理等费用不断增长。海洋渔业企业如果可以根据市场条件的变化，既能够有效控制产品或服务的货币成本，又能把市场开发和客户服务费用控制在合理水平，那么其适应市场变化的能力就随之增强，其市场生存能力也相应增强。

6.2.3 品牌培育与推广能力的价值形成过程分析

不论对顾客还是对企业而言，品牌都是最重要的价值要素（加贝，2013）。海洋渔业企业品牌培育与推广能力，是营销能力强弱的重要表现之一。从表面上看，企业品牌培育与推广能力主要是在营销阶段完成的，但是，实际上，它从海洋渔业企业资源生长阶段就开始孕育的。

功能性价值形成阶段为品牌培育与推广能力奠定了物质基础。每一个为顾客所喜爱的品牌背后，都有质量可靠、性能稳定的产品或服务作为保障，缺少这个物质保障，品牌的培育和推广就成为空中楼阁，缺乏立足市场的根基。因此，从功能性价值的形成阶段，就要始终关注海洋渔业生产所需要的原料、原材料的生长环境是否达标，以此监控产品或服务的物理品质，为品牌培育奠定基础。在功能性价值的增值、保值阶段，通过不同的工艺加工和储运手段，保证功能性价值的增长、保值，满足不同顾客对不同功能性价值数量及质量的需求。因此，功能性价值形成阶段，不仅为品牌培育与推广建立了良好的产品或服务基础，同时，也为品牌未来的成长奠定了坚实的顾客基础。

心理性价值形成阶段为品牌培育与推广能力奠定了广泛的顾客心理基础。目标市场对某一个品牌的可接受程度和喜爱程度，不仅取决于产品或服务的质量，而且更取决于顾客对品牌传达信息内容的内在认可程度。在产品或服务质量有保障的前提下，顾客对品牌文化内涵接受程度越高，就越容易产生心理上的愉悦感、受尊重感、美好预期等，从而越容易产生积极的态度和主动的购买行为。可见，海洋渔业企业可以通过顾客教育、企业文化传播、顾客沟通等方式促进心理性价值的形成和传递，同时相应增强品牌培育和推广能力。例如，海参在中国悠久的饮食文化占据一席之地，但是其消费具有地理区域上的局限性。随着近年海参养殖的蓬勃兴起，海参市场也兴旺发达起来。如何让那些对海参产品不熟悉的消费者对其产生兴趣，就需要海参养殖企业进行顾客教育和文化引导。某品牌海参在市场推广中，将其产品与传统的人参、燕窝、鱼翅等滋补品相提并论，以增加市场可接受性，同时，利用典型顾客的市场示范作用，突出长期消费产品带来的滋补养生、强身健体等功效，强化对顾客的心理诱导，使顾客潜移默化地接受企业产品及品牌。

社会性价值形成过程为品牌培育与推广能力奠定了深厚的社会基础，并建立起了品牌与目标顾客的人际关系及情感联系。海洋渔业企业通过对特色企业文化的建设与传播，并通过营造企业品牌的文化魅力，满足目标顾客对集体归属感和社会存在感的需求。品牌是企业最重要的无形资产，也是企业文化的核心内容，社会性价值的形成与传递，使得品牌的培育与推广突破了企业边界，在更广阔的市场范围内进行，企业品牌培育与推广能力也在程度与范围两个方面得以强化。我们仍以海参产品为例。海参养殖企业的迅速发展，使得海参的市场供给大大增加。2015 年，仅大连一地的海参年产量就超过了 2 万吨。为此，海参养殖企业加大了海参产品的市场推广力度，提高社会公众对海参产品的品牌认知，并触发顾客的品牌意识和品牌观念，同时，进行技术创新，使海参加工方法日益科学化和多样化，增加海参产品的种类，提高其市场的社会可接受程度。此外，随着消费者对养生保健的日益关注，海参养殖企业也以此为突破口，进行养生文化的传播，塑造品牌的文化吸引力，强化顾客的社会归属感。

经济性价值形成过程为品牌培育与推广能力界定了基本的收益与支出的平衡点。现阶段企业的各类成本、费用的支出中，营销与顾客服务及管理费用所占的比例越来越大，品牌设计、品牌形象塑造、品牌推广策略的实施等，都需要企业的持续投入。但是，这些投入是否能够得到合理的回报，是否有利于品牌影响力的扩大？这都需要进行过程管理和控制。品牌培育与推广是一个长期的系统工程，大量的投入往往要经过较长一段时间才能看见成效，有时候由于对市场研究不足，品牌培育与推广方案不科学，甚至会导致海洋渔业企业的投入血本无归。因此，对经济性价值中各类成本、费用的产生过程进行有效监管，使之控制在市场的合理水平之内，并反复论证品牌培育与推广的科学方案，才能真正使企业品牌培育与推广能力得到相应的提高。一般来说，经济性价值形成过程的管理效率越高，海洋渔业企业营销能力的提升空间越大。

在价值形成过程中，海洋渔业企业品牌培育与推广能力得以逐步形成。在现代信息社会中，品牌的培育与推广也与技术的普及和使用密切相关。例如，利用微博、微信、微商营销等新媒体手段进行品牌的网上推广时，前文所讲的"鼠标筛选能力"，实际上作为一种对产品或服务的口碑推荐，不过是以网络上"好评"或"点赞"的形式，对某一种市场评价较高的品牌的一种网络推广行为。"鼠标筛选"在很大程度上简化了老顾客的交易程序，也使新顾客的选择行为更加简单，形成品牌的追随现象，品牌更容易获得市场的认可。但是，网络上通过"鼠标筛选"形成的品牌追随比较脆弱，缺乏可靠的产品保障和信任基础。因此，对某一品牌的网络推广行为能否在长时间内持续下去，主要还是基于该品牌所附着的价值形成及其内容。

6.2.4　学习与创新能力的价值形成过程分析

在现代市场经济条件下，建立学习型组织，增强学习创新能力是企业应对竞争压力、提高市场适应性的重要途径。学习与创新能力既可以发生在组织内部，也可以发生在组织外部，它既包括企业学习，也包括顾客学习。组织内部的学习与创新能力，主要包括企业产品、服务知识以及员工之间的学习与知识创新；组织外部的学习与创新能力主要包括企业向外部顾客、其他利益相关者的学习以及知识创新。同时，学习与创新能力是一种互动能力，它是在企业与顾客互动中通过知识的传递来增加双方的理解，并激发新知识的产生，以扩大知识范围，强化学习效果。学习与创新能力是海洋渔业企业应对多变的市场环境、增强竞争能力的重要途径，它表现为企业的知识化以及实现的程度。价值形成过程，其实也是企业不断进行学习与创新的过程。只有通过不断的学习与创新，员工才能掌握产品、服务的生产、加工、储运等基本的知识及技能，海洋渔业企业才能了解市场波动的趋势和规律，更好地了解顾客及其特点以更好地满足目标市场需求。下面我们就基于价值形成过程的海洋渔业企业的学习与创新能力进行分析。

具体来看，在功能性价值形成过程中，海洋渔业企业的学习与创新能力主要是要掌握原料、原材料的生长发育的规律性知识、形成产品良好性质的基本技术及产品储运的条件与技术等。从而，促进功能性价值的形成、增值与实现。在心理性价值形成过程中，海洋渔业企业的学习与创新能力主要是基于功能性价值的顾客教育与顾客沟通方面的知识和技能，通过企业学习与顾客学习，使顾客能够接受企业宣扬的消费观念和消费主张，理解并接受企业文化所提倡的生活方式，并乐于与企业建立一种积极的情感互动关系，进而，企业与顾客之间能够在信任基础上促进心理性价值的形成与传递。在社会性价值形成过程中，海洋渔业企业的学习与创新能力也是在顾客教育与顾客沟通过程中实现的：企业通过企业文化传播来吸引顾客并提高顾客对企业文化及其产品、服务的可接受程度；通过品牌培育与推广来引发顾客对特定产品或服务所代表的消费文化和社会观念的认可，从而使顾客产生特殊的社会身份的认同感和社会群体的归属感，并以此为基础建立广泛的社会关系网络；在积极的人际交往活动中，促使社会性价值的形成与传递，满足顾客的社会性价值需求。在经济性价值形成过程中，企业的学习与创新能力主要表现在对发生在营销活动中的各类成本、费用的了解及其管理水平，包括：对货币成本的控制，对发生的管理、流通费用的识别与监控，对顾客服务成本与费用的识别与监控等。学习各类成本、费用的构成知识与管理知识并不断创新，可以直接表现为企业成本、费用的节约，间接表现为企业在定价、营销活动方案预算等方面的更大余地与灵活性，最终体现为在市场上的生存能力和竞争能力。在信息时代，学习与创新能力将决定企业未来的竞争能力，哪一个企业学习速度快，学习能力高，哪一个企业才更容易存活下去。

可见，构成营销能力的服务市场的能力、适应市场变化的能力、品牌培育与推广能力及学习与创新能力等，都是以价值形成过程为基础的，并在价值形成过程中逐渐得到强化和提高。因此，任何营销能力的培育，必须要从价值形成的过程入手。

6.3　海洋渔业企业基于价值形成过程的营销能力培育途径

从上文分析中，我们了解到海洋渔业企业营销能力的培育必须要考虑企业产品或服务的价值形成过程及其结果。因此，海洋渔业企业的营销能力培育途径，也要以价值形成过程为探讨的前提。从目前来看，营销能力培育途径主要包括：

6.3.1　建设以顾客为导向的企业文化

顾客导向的企业文化建设，可以保证营销能力培育的正确方向。因为，营销能力的培育基于特定的价值形成过程，而这种价值形成过程的结果必须是市场需要的，是能够满足顾客需求的。换句话说，基于价值形成过程的能力，必须是满足顾客价值诉求的能力，而要满足顾客的价值诉求，价值形成过程就必须深入理解顾客，要有顾客的全程参与。所以，对现代海洋渔业企业而言，以顾客为导向的企业文化建设是企业适应市场环境、更好满足顾客需求的前提条件，也是培育企业营销能力的有效途径。以顾客为导向的企业文化建设在营销能力培育中所起到的作用包括：

坚持顾客导向的企业文化建设，可以更好地了解顾客对产品或服务的价值需求。而要做到这一点，海洋渔业企业需要进行详细的市场调研和顾客分析，使得企业的经营服务理念和顾客需求更好地对接，同时在营销活动中更加明确：哪些功能性价值能够满足顾客的物理性需求；什么样的心理性价值才能激发顾客对产品或服务的情感共鸣；何种社会性价值能够使顾客产生社会存在感与特定群体的归属感；什么水平的经济性价值能够使顾客产生收益与成本的均衡感。在此基础上，营销能力的培育就更有方向性。

坚持顾客导向的海洋渔业企业文化建设，可以使企业的营销能力培育更加具有针对性和有效性。根据海洋渔业企业的前期市场研究成果，可以确定企业营销能力培育的方向和重点。如果顾客最看重的是功能性价值的种类和水平，那么，企业就要保证形成功能性价值的海洋鱼类的良好物理品质，并努力采用先进的加工、储运技术，提高服务市场的营销能力。如果顾客不仅关注功能性价值，也非常重视心理性价值带来的情感满足和社会性价值带来的社会归属感，那么企业建设过程中的顾客沟通与顾客教育就显得尤为重要，顾客只要判断自己的购买"值得"，就可能采取购买行为。当然，对于理性的消费者而言，必须要对购买的收益和成本进行比较，才能判断购买活动"值不值"，因而如何降低经济性价值包含的各种成本、费用，也是顾客导向的企业文化建设中提倡的营销思想。例如，海参养殖企业可以在充分了解顾客价值诉求的前提下，通过积极健康养生企业文化建设，对内凝聚、约束员工，引导员工树立"顾客导向"意识，对外教育、吸引顾客，强化顾客对企业及企业产品的可接受程度。

6.3.2　加大技术的开发和利用水平

技术的开发和利用是营销能力培育的有效工具。信息技术首先改变了价值形成的内容和品质，也改变了消费者的消费习惯和消费方式，使营销能力的培育有了更广泛的内容。任何营销能力的培育与提高，与信息技术的开发和利用程度是密不可分的。可以说，现代海洋渔业企业的营销能力培育，信息技术的力量贯穿始终。

信息技术可以使海洋渔业企业更好地服务顾客，从而培育服务市场的能力，并提高适应市场变化的能力。例如，改善远洋捕捞技术和海水养殖技术，可以增加海洋鱼类的产量和质量，从而促进功能性价值形成的种类和品质；广泛采用并创新加工、储运技术，使海洋渔业原料、原材料通过高水平的加工、储运，得以保证功能性价值的增值以及实现。各种新技术的使用，还可以更好地增强海洋渔业企业的品牌培育与推广能力，并进一步促进企业的学习和创新能力。例如，目前企业广泛开发和利用社交网络、新媒体等沟通技术，在很大程度上实现了一对一营销，能够迅速得到顾客的反馈，更准确、及时地了解顾客需求及变化，为心理性价值、社会性价值的形成与实现创造条件，也为品牌培育与推广找准方向。其中，作为新兴的微信、微博等营销方式，借助方便快捷的沟通技术，广泛开展"一对一营销"，提高了海洋渔业企业营销准确性，以口碑传播的方式提高了营销的效率。

此外，成功的营销过程也是不断开发和使用信息技术的过程，企业营销能力也在这个过程中随之提高。随着计算机领域不断的技术突破，企业在营销活动过程中利用大数据、云计算等新的研究成果，可以更好地适时追踪顾客的消费轨迹和消费习惯，为每一类顾客定制针对性的营销方案，从而提高营销的精确性，保证顾客价值的形成和实现，同时降低经济性价值包含的各类成本、费用，使顾客的相对价值总和得到提高。例如，海洋渔业加工企业可以根据客户对产品或服务需求的数量和种类，为客户定制在一定时间内的购买计划，然后在客户需要的时间和地点为客户提供工厂到家门口的服务，最大限度地满足客户个性化需求。首先，保证客户对产品或服务的功能性价值需求得到了满足，企业预先制订的产品、服务计划也使客户感受到企业的特殊关怀，得到相应的心理性价值；其次，海洋渔业企业的品牌如果有相应的号召力和市场影响力，就会把具有同样消费喜好并有类似的生活方式的客户积聚在一起，满足客户对人际交往及社会归属感的需求，从而获得社会性价值；最后，企业提供的工厂到客户家门口的服务方式，大大减少了交易的中间环节，为客户节省了搜寻时间、购物货币成本和交易费用，从而使客户得到预期的经济性价值，增加总的顾客价值。

最后，技术手段的广泛使用可以使顾客的个性化需求与企业的规模定制进行有效衔接，培育并提高企业对顾客的筛选能力，在一定程度上保证了企业学习和创新能力的提高，也使综合营销能力得以提高。现代营销条件下，顾客需求的个性化特征与生产的规模化之间的矛盾日益突出；海洋渔业企业必须解决这一矛盾，才能提高服务市场以及应对市场变化的能力。互联网技术在企业生产及营销活动中的普遍应用，可以一方面保证企业对市场变化的灵敏性；另一方面可以对生产流程进行调整，实现模块化生产模式。这样，价值形成过程最终产生的产品或服务，恰好是顾客需要的。此外，利用网络信息技术，还可以使顾客零散的个体行为产生规模效应，降低或消除组织或协调壁垒，扩散营销的积极效应。

6.3.3　建立高效的营销队伍

高效的营销队伍是海洋渔业企业营销能力培育最重要的推动者。在中低端市场上，随着市场竞争的日益加剧，海洋渔业企业对营销队伍的重视程度也日益提高。但是，与其他产业存在的情况类似，海洋渔业企业对营销人员及其作用的认识还存在一定的局限性：（1）将营销人员等同于销售人员，认为营销人员就是销售人员。那些能够完成销售任务、为企业创造高额利润的销售人员就是好的营销人员。随着对市场关注度的提高，海洋渔业企业销售人员的工作从单纯推销产品，逐渐发展到拓展业务领域、访问老客户、吸引新客户等方面；但是，与营销人员应该担负的研究市场、拓展市场的责任还有一定的差距。（2）重视营销队伍的人员数量，忽视素质教育。不少海洋渔业企业一直持有这样的观点：只要营销人员的数量足够多，企业的市场营销工作就会做好，人海战术被认为是一种有效的市场拓展方式。这也造成营销队伍良莠不齐，缺乏专业知识和有效的技能培训，影响了海洋渔业企业营销能力的培育。（3）对营销人员绩效的考核，过于重视客观指标，而忽视主观指标。例如，销售量、销售额、利润率等都是衡量营销人员绩效的最重要的数量指标；而客户满意度、客户关系维护、客户口碑推荐率等则在很大程度上被忽视。这样，就可能导致企业丧失一批有巨大潜力的客户，影响营销能力的培育。

要想建立高效的营销队伍，为海洋渔业企业营销能力的培育奠定人力资源保障，就必须采用切实有效的方法，促进营销队伍建设：首先，要明确营销人员在企业的地位和作用，强调营销人员在工作中代表的是企业，而不是营销部门。因为，如果营销人员代表营销部门去工作，他更看重的是部门利益；有可能为了完成部门的工作任务，不择手段拿订单，损害企业形象和长远发展。相反，如果营销人员代表企业而工作，他更可能具有全局观念，重视与客户的长期合作而不是一次性交易。其次，营销人员的专业素质，不仅包括企业方及其产品或服务的销售知识和技能；也包括市场研究、市场拓展的相关知识和技能，如：顾客需求分析，客户关系维护方法等；还包括一些必要的市场风险工具，例如 SWOT 分析、SMART 原则等。市场瞬息万变，为了适应营销工作的挑战性，营销人员必须具有创新性的学习能力，才可能具备市场洞察力和敏锐的市场反馈能力。最后，营销人员本身需要具备自信心强、目标明确、善于情感交流等能力。在营销人员的工作中，营销人员随时面临唇枪舌战的场景，如何利用自己的沟通能力，实现对客户的引导和说服，收到良好的沟通效果，促进企业营销目标的实现。

6.3.4 加强企业之间的战略联盟

在现代市场条件下，海洋渔业企业营销能力的培育不仅仅是单个企业自身的事情，而且也是一个产业的事情。单从功能性价值的形成过程来看，靠一个企业的力量，无法实现原料、原材料的科学生产管理及适应市场需求的功能性价值的形成，也很难通过有效的加工、储运技术保障功能性价值的增值和价值实现。海洋渔业企业营销能力的培育，需要以市场需求为导向的价值链，也需要一个实现产业内资源有效整合的产业链。因此，从这个意义上看，海洋渔业企业营销能力的培育，已经跨越了企业边界，它需要有一个良好的产业环境，需要其他相关企业的协作和共同努力。而要营造良好的产业环境，促进企业之间的协作，必须要有一个高效的组织形式来完成。为此目的建立的战略联盟，可以加强海洋渔业企业之间的合作，有利于形成产业内企业的资源整合，构建科学合理的价值链，并提高整体产业链的营销能力。

　　从目前来看，借鉴其他产业企业建立战略联盟的实践经验，海洋渔业企业战略联盟不仅包括股权合资企业，也可以包括涉及生产、营销、分销、研发等方面的非股权合作协议。构建国际间的战略联盟，已经成为企业开拓新市场的常用方式，也是企业实现快速增长的重要战略之一。即使是规模最大的企业，在面对新的市场和庞大的客户群体时，也会出现力有不逮的情形，也就是所谓的"战略缺口"（T. T. Tyejee, G. E. Osland, 2009）这时候，利用企业之外的资源弥补自身之不足，可以更好地服务市场，提高企业营销能力水平。为此，战略联盟可以采用两种方式：第一种方式是通过横向方式建立产业内同类企业的战略联盟；第二种方式是通过纵向方式建立产业内上下游企业之间的战略联盟。海洋渔业产业内同类企业之间的横向战略联盟，可以使同类企业之间扩散学习效应，相互取长补短，发挥高水平企业的带动作用，促进同类企业的共同成长。产业内上下游企业之间的纵向战略联盟，可以整合产业内的优势资源，调整或者重新构建新的价值链，在价值形成过程的各个环节都寻找可能竞争优势来源，从而提高产业整体的市场竞争力和服务市场的能力。总之，战略联盟的主要目的就是要达到"1 + 1 > 2"的效果，这样，一方面，可以扩大海洋渔业企业占有和支配的资源总量，另一方面可以最大化企业的市场服务能力以及对市场变化的应对能力，还可以加强战略联盟之间的学习能力和创新能力的扩散效应。通过建立战略联盟来培育营销能力，也可以说是借助集体的力量来增加企业成功的几率。海洋渔业企业建立战略联盟的作用如图 6 - 2 所示。

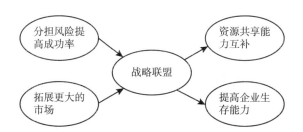

图 6 - 2　海洋渔业企业建立战略联盟的作用

　　从图 6 - 2 中我们可以看出，海洋渔业企业建立战略联盟的作用主要有四个方面：（1）参加战略联盟的各个海洋渔业企业，可以在同一战略框架下进行全面规划，调配资源，获取知识，或进入新的市场。因此，从总体上大大增加了企业抗击市场风险的能力。例如，某渔业集团股份有限公司不仅与科研院所进行密切合作，保证养殖技术的先进性和养殖产品的市场适应性，促进功能性价值的形成，节约经济性价值；而且理顺与上游养殖企业及下游加工、经销企业的关系，保证了完整的产业链和价值链，促进价值的形成和传递。由于供需衔接紧密，经营风险由战略联盟的各个合作企业共同承担，因此，企业本身所承担的风险反而降低了。（2）实现战略联盟企业之间的资源共享与能力互补，特别是在纵向战略联盟中。例如，某海水养殖企业可能具有养殖环节技术优势，但是却对市场动向了解不深入。在这种情况下，该海水养殖企业可以与产业上游的市场研究机构及下游的批发零售企业建立战略联盟：一方面，可以借助专业市场研究机构的资源和能力，了解目标顾客的特点及需求动态趋势，为企业改善养殖环境、调整养殖结构、提高质量管理水平等提供决策依据；另一方面，可以利用下游批发零售企业的掌握的客户资源及销售网络迅速进入市场，保证价值目标的顺利实现。（3）提高战略联盟合作企业的生存能力。在横向战略联盟中，联盟双方或多方是同一产业内从事类似业务活动的企业，通过在研发阶段、生产阶段、销售阶段等的合作，来获得资源规模优势或降低经营风险。参与合作的企业，也会因为成本降低而机会增加，获得更强的生存能力。在重点企业发起的纵向战略联盟中，每一个合作企业专司其职，更容易成为产业链或价值链中不可缺少的环节，市场的生存几率更大。（4）海洋渔业企业建立战略联盟可以帮助拓展更大的市场。不管是横向战略联盟还是纵向战略联盟，都意味着占有或支配更多的市场资源，更大的市场空间，更强的营销能力，以及开拓更广阔市场的能力。

作为建立战略联盟的主导企业或者是领导企业，必须具有一定的规模和实力，在市场上具有足够的影响力，在产业内具有足够的号召力。只有具备这些条件，该企业才能把其他企业吸引到战略联盟中来，所制定的战略计划才更容易得到贯彻执行。为培育营销能力而建立的战略联盟一般要经历三个阶段：

（1）战略合作伙伴初步达成合作意向阶段。不管是建立横向战略联盟，还是纵向战略联盟，都需要挑选那些能够形成资源互补、优势叠加的志同道合的合作伙伴。所以，作为建立战略联盟的主导企业，就需要和可能的合作伙伴进行沟通交流，达成广泛共识，并就战略计划进行深入商讨，消除其他合作企业的顾虑，促进战略联盟的建立。作为战略联盟内的合作企业，不仅要在资源、市场、研发等方面能够形成互补；而且在企业文化、经营理念等方面也要具有一定的融合性和包容性。这样，在企业最初的接触阶段，有选择地对意向企业进行甄别，排除包含巨大潜在冲突因素的企业，可以确保联盟合作伙伴后期的融合和协作。作为科技创新试点企业的大连獐子岛渔业集团股份有限公司，为了实现科技创新，不仅依靠企业自身的力量支撑海珍品的养殖，重视产品质量体系建设，而且积极利用外脑，进行科技创新。该公司与中国科学院海洋研究所、中国水产科学研究院、中国海洋大学等国内水产界著名院校建立战略合作关系，为企业发展注入了不竭的活力。

（2）战略合作伙伴的融合阶段。如果有意愿加入战略联盟的海洋渔业企业，过于关注眼前利益，而缺乏战略眼光，忽视长远利益，就可能造成战略合作企业之间的相互排斥，无法实现既定的战略部署。因此，在接触阶段，就要广泛考察备选企业，特别是文化的可容性，在确定建立战略联盟时，才能尽量减少相互之间的排斥而达成共识。战略融合，归根到底是实现战略联盟伙伴企业战略发展方向的一致性，从这个意义上来看，战略融合首先是经营理念的融合。经营理念作为企业文化的核心内容，标明了企业存在的价值以及发展愿景。只要实现经营理念的融合，联盟伙伴企业就具有类似的出发点，更容易形成战略行动的协调一致性。其次，战略融合指的是创新性的企业文化的融合。每一个企业都有自己涵盖固有制度、企业惯例等在内的企业文化，没有任何两个完全相同的企业文化。当把文化不同的企业集合到统一战略框架下时，就必然会存在这样那样的冲突；而问题的关键是如何降低这些冲突带来的负面影响。实现企业文化的战略融合，一方面要增加合作伙伴相互之间的理解和尊重，承认彼此存在的差异和不同之处；另一方面，要在差异之中寻找共同点，在求同存异基础上进行知识整合和文化创新，促进形成一种开放式的、包容性强的新的企业文化氛围。只有在创新性文化的指导下，企业才有较强的市场适应性，其生产经营及市场营销才会具有不竭的活力，并保持持续发展。

在战略融合阶段，网络信息技术永远是发挥重要作用的因素之一。在现代市场条件下，战略联盟的建立和融合过程，必须以准确的市场信息为指导，建立以市场需求为导向的战略联盟。网络信息技术的迅速发展，使得云计算、大数据已经得到越来越广泛地运用。利用技术手段追踪客户的消费轨迹、分析市场需求的变动趋势成为越来越简单的事情。同样，在战略联盟内部，建立共享的大型知识平台也成为可能。这样，战略联盟的合作伙伴不仅仅是某类产品或服务的提供者，而是以产品或服务为纽带，通过对顾客消费的全程跟踪，在每一个节点上都能准确预测并满足顾客需求，意在与顾客建立长期战略关系的"客户运营商"（田溯宁，2016）。网络信息技术使得战略联盟伙伴在市场每一个环节的融合成为现实。战略融合下的战略体系，是以知识共享为前提的开放性体系，联盟内的伙伴企业都要以实现产业化为目的，积极履行各自在战略联盟内的责任和义务。

（3）战略联盟的效果评估阶段。战略联盟的效果评估包含两个部分内容：一是战略联盟总的目标的实现程度；二是考察合作伙伴企业的成长情况。当然，有时候战略联盟的短期合作成效可能不尽人意，在某些方面没有达到预期目标，这就要求战略联盟的领导者要以实际行动来促进其他伙伴企业的共同长远发展。战略联盟的效果评估可以采用两套指标：财务指标和营销绩效指标（Roger J. Best，

2010）。财务指标可以比较直观地反映参与战略联盟的企业在一段时间内生产经营的经济效果，常用的指标有销售收益率、净利润、资产周转率、资产回报率等。但是，财务指标的一个显著缺陷是：无法客观反映市场基础上的外部绩效。例如：从财务指标来看，某企业在近几年一直处于良好的增长态势。但是，如果考虑到相对市场规模的扩大，客户群体以及客户购买力的增长，那么企业的绩效是否仍然令人满意？所以，对战略联盟的效果评估，除了采用一般的财务指标之外，还要考虑采用营销绩效评估。营销绩效评估的指标主要有市场增长率、相对市场份额、顾客满意度指数、顾客保留率、净推荐值。此外，营销绩效评估指标还包括与竞争对手相比较而得来的相对服务质量、相对产品绩效、相对顾客价值等。营销绩效评估可以全面反映企业过去的经营成果，也可以反映企业未来的发展方向。因此，采用营销绩效评估也可以判断企业营销能力的高低，为将来的战略调整和营销重点明确方向。

　　不管是采用何种途径培育海洋渔业企业的营销能力，都需要对价值形成过程有一个科学系统的认识，价值形成是营销能力培育的基础和前提。在促进价值形成的同时，对企业具有价值创造优势的环节进行重点突破，提高企业营销水平和服务市场的营销能力。营销能力的培育既是一个需要企业全员、甚至是产业内所有企业都重视的战略问题，也是需要在实践中采取有效措施进行落实的战术问题。只有经过长期的努力，海洋渔业企业的营销能力培育才会见到实实在在的成效。

第7章 基于价值形成过程的海洋渔业企业营销能力提升措施

正如我们在前文中所探讨的那样，海洋渔业企业营销能力的培育是一个漫长的过程，需要经过孕育、发展、成熟等三个时间阶段。营销能力的培育进入成熟阶段以后，并不意味着企业停步不前，而是需要在价值形成与价值增值的同时不断实现突破，继续寻找机会促进营销能力的提升。营销能力的提升需要各个利益相关者的共同努力，只有明确各主体所应该承担的责任和义务，保证各行其是，共同促进营销能力的提升。

7.1 加强政府的保障作用

一个产业内企业营销能力的高低，往往反映一个国家产业发展水平的高低。同时，产业发展水平比较高，企业营销能力的培育与提升就有一个良好的外部环境和物质基础。从世界范围看，海洋渔业产业的发展，需要国家和政府的全面布局和合理规划。在营销能力的提升方面，政府主体起到外在保障的作用。

7.1.1 站在全局进行海洋渔业产业发展的战略规划

海洋渔业企业的发展水平和发展潜力，首先在很大程度上取决于国家的有关海洋经济战略规划的科学性及其可行性。尽管在营销能力的提升过程中，海洋渔业企业是最重要的实施主体，但是，企业本身往往囿于视野、经营范围、局部利益等局限性，缺乏长远发展的战略眼光。相反，国家及其政府可以站在全局，高瞻远瞩预测经济建设的格局和未来发展方向。此外，政府在海洋渔业产业发展中的重大作用，已经在许多国家得到了验证。像美国、日本等发达国家的海洋渔业产业都属于比较成熟的产业，其中政府的作用不可忽视。在整个产业的发展过程中，政府都进行了产业发展的全面战略规划，并在资金、人力资源、技术等方面不遗余力进行支持。例如，根据世界经济发展环境的变化，在不同的发展阶段，美国政府对海洋渔业产业的发展提出不同的战略发展构想和目标，并采取资金扶持、政策引导等方式促进其快速增长。20 世纪 50 年代以后，世界各国已经认识到，海洋资源并不是取之不竭、用之不尽的，只有进行保护性开发利用，使海洋渔业资源的更新跟得上市场需求的增长，才能实现海洋渔业经济可持续增长。我国政府日益重视海洋经济在整个国民经济中的重大作用，在积极发挥政府作用的同时，提出了"蓝色革命"的战略构想。此外，为了减少对海洋自然渔业资源的过度劫掠，增加海洋渔业产品的供给，20 世纪 60 年代起，包括美国、日本、欧洲等在内的发达国家提出海洋"栽培渔业"的设想，并开始在研发、实践中不断突破，使得海水养殖达到了很高的产业化程度。日本的苗种技术、放流技术、饵料生产、病害防治等研究都不断取得突破；欧洲国家的伐式、网箱养殖技术，美国的工厂化养殖系统等都达到了很高的技术化水平。这些成果的取得，都与各国政府的努力和产业政策扶持是分不开的。正是在政府的支持下，这些国家的海洋渔业企业也得到了很好的发展，具有较高的生产经营水平，海洋渔业企业营销能力水平相对比较高，在市场上也具有比较大的影响力。借鉴发达国家的发展经验，我国海洋渔业产业发展过程中，政府进行产业发展的战略规划也势在必行。

从目前的情况来看，在明确海洋渔业产业发展战略重点的前提下，我国海洋渔业产业发展的战略规划内容有：（1）加强海洋渔业产业发展的国际合作，加大对海洋专属经济区的保护力度。海洋是人类共同的财富，也是各国竞争的新领域。随着各国对海洋资源的重视程度不断提高，因为争夺近海控制权、海洋渔业资源等而发生的国际冲突也越来越多。只有在同一的战略框架下，减少争端，加强合作，才能实现对海洋资源的保护性利用，而不是竭泽而渔、害人害己。近年来，周边国家为了争夺近海海域的控制权及渔业资源，在我国东海海域、南海海域等不断发生国际冲突。其结果不仅对挑起争端的国家毫无利益可言，对海洋渔业资源的保护性开发极端有害，而且侵害了我国领海主权，影响世界稳定，也对包括我国在内的各国海洋经济发展造成了恶劣影响。（2）倡导对海洋渔业产业的科学管理。从历史上看，海洋渔业生物资源的开发利用基本上会经历原始未开发阶段、自发零散开发阶段、充分开发阶段、过度开发阶段、枯竭崩溃阶段五个阶段。如果听凭海洋渔业企业在原始逐利本能地驱动下自主行动，最终的结果就是因为对海洋资源的过度使用导致资源枯竭和生态环境恶化。因此，政府要从全局出发，对海洋渔业资源进行全面的战略规划、系统统计、科学分析，有保护地开发利用，把科学管理落实到每一个企业。（3）及时研究并解决已经出现的、影响海洋渔业产业可持续发展的问题。目前，对海洋渔业产业可持续发展产生重大影响的问题主要是海洋生态环境污染及海洋渔业资源的保护性开发利用等问题，造成这些问题的原因很多，产生的危害也很大。政府部门可以通过招标、科研立项等方式，组织科研院所对不同原因所造成的环境破坏、资源枯竭等问题，进行分类研究、分别寻求解决方案。（4）明确未来的战略发展方向。根据国家战略发展的"十三五"规划纲要，制定并落实产业发展和产业升级措施，促使中国从"海洋大国"向"海洋强国"转变。政府促进产业发展和产业升级的关键，是要保证海洋渔业资源的有效供给和合理配置，从而使得海洋渔业产业发展有一个良好的物质基础，也促使海洋渔业企业拥有有力的资源保障。

7.1.2 对海洋渔业企业进行适度的政策引导

为了实现国家"蓝色海洋战略"目标，政府必须通过相应的政策制订和实施对海洋渔业企业施加影响。针对目前海洋渔业产业发展中出现的问题，政府对企业的政策引导包括：

（1）以法律约束和行政管理等手段保护并恢复天然渔业资源。20世纪90年代初期开始，由于过度捕捞带来中国近海海域传统优质鱼类种类和数量的急剧下降，像大黄鱼、小黄鱼、带鱼、真鲷、鳓鱼、牙鲆等优质海洋渔业的渔汛消失，甚至濒临灭绝的边缘。根据联合国粮农组织2007～2010年对海洋渔业资源利用评估标明：全球24%的渔业资源种类处于低度开发和中度开发；52%的种类处于完全开发状态；16%处于过度开发状态；7%的渔业资源种类已经严重衰竭，其中只有1%左右经过养护可能会恢复原有状态。为了避免海洋渔业资源状况进一步恶化，最大限度进行海洋渔业资源的保护，中国政府率先于1995年开始实施夏季休渔政策，并对捕捞工具、捕捞方法等进行严格限制，以加大对海洋天然渔业资源的保护。通过保护性开发利用，使海洋渔业资源能够支撑产业可持续发展之需。对于现行的海洋渔业产业政策的不足之处，需要一边实施，一边调整，以符合海洋渔业产业发展的客观规律。

（2）通过政策扶持加大对海洋渔业产业的科学技术研发的投入。从国外的发展经验来看，整个海洋渔业产业的发展和腾飞，都与技术的开发和利用密不可分。有关数据显示，科技对海洋经济贡献率可以达到60%左右，所以技术的突破必将带来海洋产业的全面发展。政府可以通过科研立项、经费支持等方式确定海洋渔业产业的重点，对市场供求有直接影响的海洋环境保护、远洋捕捞、海水养殖技术等应该是研发的关键领域。因为，海洋环境对海洋渔业企业的生产经营有直接影响，决定着其产品质量水平；进行海洋环境治理和保护，需要各方面下大力气才能得见成效。此外，我国的远洋捕捞技术一直远远落后于世界发达国家水平，也在一定程度上制约了我国海洋渔业产业的总体发展生产能力，需要继续投入。而海水养殖技术对于改善海洋渔业产品的供给具有重大意义，所以在种苗培育技术、养殖技术、病害防治技术等都需要进一步突破，以技术创新支撑整个产业结构的优化和改革，更好地保护海洋渔业环境并满足市场需求。此外，我国的海洋渔业产业的深加工技术水平相对比较低，在加工过程中存在资源的浪费，加工产品的质量水平与发达国家企业相比还有一定的差距。因此，在精深加工技术方面企业还需要加大国际交流，学习国际先进的技术和经验，根据市场需求的多样性提供种类丰富的产品和服务。

（3）在政策上对产业内重点企业有所倾斜，发挥重点企业对产业发展的带动作用。政府有关部门可以采取优惠政策构建重点海洋渔业企业主导的产业链或价值链，理顺产业内的企业关系，并促进产业升级和产业结构优化。在营销能力的培育与提升过程中，总有一些发展水平比较高的企业走在市场前列，而其他产业处于中等或者是较低的水平。高水平企业以卓越的市场表现、良好的市场形象吸引更多资源的投入，又进一步提高了营销能力，从而能够营造企业发展的良性循环。这种模范带头作用对其他企业而言，不仅意味着短期内更高的经济效益，而且也意味着将来更好的发展前景。此外，重点企业对整个产业发展的影响更大，它可以利用自己的市场影响力建立横向的或者是纵向的战略联盟，为营销能力的培育与提升创造良好的产业环境；也可以利用企业自身实力重新影响市场的资源配置，提高资源配置效率，使有限的资源流向市场表现好的企业，并发挥更大的作用。这种产业政策的倾斜，也可以通过自然资源和社会资源的重新分配发挥"优胜劣汰"的作用，淘汰那些效率低下、资源浪费严重、市场表现差的低水平企业，从而实现产业升级，也为企业营销能力的提升创造条件。

7.1.3 制定并实施适应环境变化的产业政策

科学的产业政策能够促进海洋渔业产业的快速发展。我国海域广阔，不同海域的自然环境、水文地理都存在较大的差距，海洋渔业企业生产经营也有独特的特点。因此，我国海洋渔业产业政策既要体现产业规划的战略型、全局性，也要体现不同地域海洋渔业产业发展的差异性。同时，相关海洋渔业产业政策也必须具有较高的市场适应性，保证供求有效衔接，并能够促进海洋渔业企业营销能力的提升。具体来看，海洋渔业产业政策要体现几个特点：

（1）海洋渔业产业政策要体现国家整个经济发展的战略要求。目前海洋渔业产业在国家粮食安全战略中所占的地位越来越重要，充分发展海洋渔业产业，促进国家"蓝色海洋战略"的实现，已经被提上国家的议事日程。特别是近年来，不断发生的邻国对我国海洋专属经济区主权的质疑、对公海海洋渔业资源的激烈争夺等，使具有战略高度的海洋渔业产业政策的制订和实施更是迫在眉睫。为此，国家政府需要进一步明确海洋渔业产业在整个国民经济体系中的地位和作用，制订前瞻性的海洋渔业产业发展的战略目标和战略计划，促进海洋渔业产业对农业、旅游业、生物制药等产业发展的贡献力度。

（2）海洋渔业产业政策要在同一战略框架下，形成产业内资源和信息的流动，促进企业之间的合作。尽管我国海洋面积广大，不同地域的海洋渔业企业的生产经营环境千差万别，但是产业的发展规律具有共性，良好的产业环境可以为海洋渔业企业提供更好的条件。根据海洋渔业产业发展的规律和共性，建立产业内信息共享平台和有效的资源流通渠道，构建产业整体发展框架，科学规划产业链和特殊价值形成过程，在促进产品或服务市场竞争力的前提下，进一步提高企业营销能力。例如，山东省和辽宁省虽然都临近渤海，但纬度不同，海水温度的季节变化也有较大的差别。有些品种的海洋鱼类因为冬季海水温度低，生长速度变缓；同时，温控、病害防治带来的养殖成本也居高不下。为此，辽宁省的海水养殖企业为了保证鱼类的生长速度，降低养殖成本，在冬季来临时把养殖网箱运送到山东青岛海域过冬，在很大程度上减少了海水养殖因为季节变化带来的损失，而且加强了企业之间的合作共赢。

（3）海洋渔业产业政策要对营销环境的变化具有适应性。在我国大力发展互联网和电子商务时，海洋渔业产业的发展也应该抓住市场机会，激流勇进。互联网技术的迅速发展和普及，改变了企业传统的经营模式，也改变了企业与市场的对接模式，以前所未有的方式影响着人们的消费习惯和生活方式。国家的海洋渔业产业政策在如何建立电子商务平台、如何有效开展 O2O 营销、如何进行企业业务流程再造、保障价值形成过程的效率等方面，制定更加详细可行的政策。

在海洋渔业企业营销能力的提升过程中，政府的作用主要是相关政策的制定者，以及相关政策实施的监督者。政府无法取代海洋渔业企业的市场自主行动；但是，政府对海洋渔业产业发展方向应该有所把握，并在企业的市场行为进行监督，以充分发挥政府"守门人"的作用。

7.2　进行规范的海洋渔业企业客户关系管理

客户是海洋渔业企业发展过程中最重要的资源之一，也是企业不竭的利润源泉。企业拥有客户的数量级质量，决定了企业是否有稳定的发展基础，也是企业营销能力高低的重要表现。对海洋渔业企业而言，老客户意味着更多的重复购买和更高的客户忠诚度，老客户的数量决定企业的未来。主要针对老客户的客户关系管理，可以充分挖掘老客户的价值潜力，有效降低老客户流失率，提高净客户推荐值，从而带来企业营销能力的提高。尽管海洋渔业企业不同，其服务的客户群体不同；为满足客户需求而提供的产品或服务也具有很大的差异性。但是，不管是作为中间商的组织客户，还是作为最终消费者的终端客户，都是海洋渔业企业稳定成长的客观基础，必须要进行有效的客户关系管理。海洋渔业企业的客户关系管理，始于客户识别及价值分析。

7.2.1 以价值分析为基础的客户关系管理框架

海洋渔业企业要进行有效的客户关系管理，必须要准确识别自己的目标客户，包括按照目标客户的地理分布、构成、生活方式、购买行为特点等进行市场细分，以便实现对客户的差异化管理。按照地理标准划分，海洋渔业企业的国内市场可以划分为东、中、西三大市场；按照生活方式标准划分，海洋渔业企业的市场可以分为养生保健、绿色环保、健康时尚等类型。依据一定的标准进行市场细分以后，海洋渔业企业可以选择一个或几个最容易发挥企业优势、规避短板的子市场，然后进行重点开发和管理。因为，不同类型的细分市场上，目标客户具有不同的心理特征、消费需求及购买动机，表现出来的购买行为也有差别。海洋渔业企业要对各个细分市场进行深入研究，了解各细分市场的特点、规模、未来发展潜力，判断企业是否具备开发细分市场所需要的资源和能力，从而选择成功几率最大的子市场。

在准确识别客户后，海洋渔业企业的客户关系管理要基于价值分析基础之上，以便了解价值形成过程，确定价值形成、增值的关键环节，在为客户创造更多价值的同时，进行全面的客户关系管理。以价值分析为基础的客户关系管理框架如图7-1所示。

在图7-1中我们可以看出，海洋渔业企业的客户关系管理框架包括价值界定、价值创造、形成及交付过程及客户关系管理效果评估三项内容。首先，针对细分后的子市场，就客户需求、支付能力等进行分析，了解客户的价值诉求，明确客户关系管理的重点，即：怎样可以增加客户价值，降低客户成本。其次，在企业—客户共创价值模式下，分析价值的创造和形成过程：将客户创意、客户需求融入价值创造中，提高产品或服务的客户定制程度；整合企业流程，以提高价值形成的效率，并通过有效沟通促进价值的交付。最后，基于价值基础之上的客户关系管理效果评估：价值形成过程如果增加客户价值，降低客户成本，使得客户总收益增加，客户满意度高，则海洋渔业企业的客户关系管理效果好。相反，

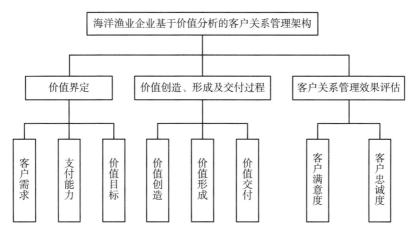

图 7 - 1　以价值分析为基础的海洋渔业企业客户关系管理框架

价值界定不清晰，价值形成过程不畅通，不仅使客户无法获得预期价值，而且还造成客户购买成本上升，则海洋渔业企业的客户关系管理效果差。客户忠诚度指标同样能够反映出客户关系管理的效果好坏。基于价值分析的海洋渔业企业客户关系管理，始于了解顾客、分析顾客，落脚到客户满意和客户忠诚。

7.2.2　以价值需求为前提的客户生命周期分析

海洋渔业企业客户关系管理，也要从认识客户、分析客户价值需求开始。产品和服务是价值的载体，产品或服务能否满足客户的需求，要看其价值形成的内容是否是客户所需要的。同时，客户在不同的生命周期阶段，所需要的价值内容有很大的差别。所以，海洋渔业企业的客户关系管理，要进行基于价值需求的客户生命周期分析；对处于不同生命周期阶段的客户进行差异化管理。卡曼（1966）提出了生命周期理论，后来赫塞（1976）等人用这一理论来分析市场、产业、企业、产品等的生命周期。研究对象不同，生命周期的阶段表述存在一定的差别。但是从本质上看，生命周期理论揭示的是事物产生、发展、成熟、消亡的整个循环过程及其规律。按照这个理论，海洋渔业企业在进行客户分析时，也可以根据客户生命周期不同阶段的特点，采取不同的客户关系管理措施。

客户生命周期也称之为客户关系生命周期（林建宗，2012），指的是企业与其客户之间从建立关系一直到关系终止的全过程。在这个过程的不同阶段，企业与客户关系的状态不同，所采取的客户关系管理措施也要有所侧重。按照生命周期理论来分析，客户关系生命周期可以分为四个阶段：关系孕育期、关系形成期、关系稳定期及关系消退期。以价值需求分析为前提，我们对客户关系生命周期四个阶段的特点与管理重点分别予以分析：

（1）客户关系孕育期。海洋渔业企业需要了解目标客户的构成及行为特点，把握顾客购买决策过程的阶段性特征。在客户产生购买意愿，着手收集企业产品或服务的相关信息时，了解顾客是通过何种途径对企业的市场表现进行评估的，以便海洋渔业企业采取措施促成顾客的购买行为。如果海洋渔业企业目前的市场表现令人满意，其所提供的产品或服务能够达到客户的价值预期，第一次交易有希望达成，那么客户关系就开始孕育，双方进一步的合作就存在可能。相反，如果海洋渔业企业市场形象不佳，产品或服务无法达到客户的价值预期，客户关系就会戛然而止，不存在继续接触或复制关系的可能。因此，在这一阶段，客户与企业之间的关系非常脆弱，双方的信任基础很薄弱，不存在转移壁垒；由于价值目标不确定，客户往往处于观望、等待中。在这个阶段，海洋渔业企业客户关系管理的重点是加强与客户的信息交流，增进客户对企业的了解和信任，消除不确定性，并为此目的进行适当的客户投资，为关系的建立和发展创造条件。我们仍以前面的某海参养殖企业为例，分析客户关系是如何孕育的。海参养殖企业在推出自己的海参产品时，首先要对客户的地理分布、价值需求和客户基本特点等有所了解，然后有针对性地推出相应的产品信息，坚定客户的购买意愿。中国海参产品的消费已经超过 2000 年的历史，海参的养生、保健、滋补等功效已经深入人心，其消费者主要分布在华北、东北、广东、香港等地，消费群体以中老年人群为主。因此，该海参养殖企业要针对不同地区消费者的偏好及其不同需求，采用不同的沟通手段，推出相应产品和服务，强调产品的功能性价值，以建立顾客的初步信任。

（2）客户关系形成期。如果客户在关系孕育期能够建立起对海洋渔业企业的基本信任，就会尝试进行首次交易，以自身体验来验证企业产品或服务所提供的功能性价值能否满足各方面的价值需求。如果功能性价值符合顾客预期，信任关系初步建立，则进入客户关系的形成期。在这个阶段，客户因为采取了购买行为，对产品或服务的认识更加直观全面，对产品和服务能否满足自己的价值目标有了更加准确的判断，此时，功能性价值是影响顾客行为的重要因素。如果产品或服务的购买消费体验达到了价值目标，客户会认识到企业有能力满足自己的需求并履行承诺，因此对企业的信任继续增强，双方的关系由孕育期的试探、观望，逐渐演变为实质性联系的建立，包括利益关系的确立和情感关系的逐步形成。相反，在关系形成期，如果客户的首次体验不满意，必定会得出企业没有满足自己价值需求的能力，客户对企业脆弱的信任就会被打破，双方关系就会终止。因此，在这个阶段，海洋渔业企业需要充分利用机会，在保证产品和服务质量基础上，积极进行企业文化建设，推动品牌培育，以功能性价值为基础继续加大营销服务等方面的投入，为客户提供良好的首次体验，增加顾客的心理性价值和社会性价值，以增强客户对企业的依附性和信任程度，通过逐渐建立转移壁垒来进一步实现客户留存。前面所谈到的某海参养殖企业在激发目标顾客的购买欲望之后，要以功能性价值作为建立客户关系的物质基础；通过推广养生理念，增强企业文化与品牌对顾客的感召力，促进客户关系的形成。例如，海参养殖企业在客户关系形成初期，应该以功能性价值满足客户对海参产品功效方面的物理性要求。同时，在首次交易时要强化客户的积极价值体验，以品牌文化和企业文化向客户传递心理性价值和社会性价值，强化客户对企业及其品牌的认同感，以进一步建立双方的信任关系，促进客户关系的逐渐形成。

（3）客户关系的稳定期。在这一阶段，如果客户通过自身体验建立起对海洋渔业企业及其产品的广泛信任，理解并接受产品或服务所负载的价值内容，对企业文化和品牌价值有高度的认可，客户满意度与忠诚度都比较高，那么客户关系就进入了稳定期。在客户关系稳定期，客户的品牌认同度比较高，客户讨价还价行为会减少，而对企业产品、服务等各方面的反馈和要求会增加，逐渐形成习惯性购买及更深的情感联系，并期望能够通过意见反馈和客户互动来进一步改善自己的消费体验。海洋渔业企业为了维护稳定的客户关系，需要对客户关系保持一定的资金和情感投入。同时通过多渠道互动了解客户需求及其变化，保持企业提供的产品或服务能够与客户价值诉求有效衔接，实现企业与客户的双赢目标。虽然客户关系稳定期，双方关系处于平稳状态，但是海洋渔业企业仍然需要对客户动向予以足够的关注。一旦企业无法有效应对突发事件，不能兑现对客户的承诺，那么随着客户的流失，客户关系也会终止，并且由于忠诚客户的流失，造成更大范围的负面影响。因为忠诚客户重复购买频率高，并且交易量更大，对企业的利润贡献也大。所以，即使企业在客户关系稳定期，也需要对目标顾客的需求变化持慎重态度，对出现的任何意外情况都予以足够的重视，并准备有效解决方案，以保持客户关系的持续性。在这个阶段，海洋渔业企业应该通过一对一的客户互动、管家式服务管理强化客户与企业的情感联系以及品牌归属感。同时，采用大数据技术就消费者对海洋渔业产品的消费轨迹进行追踪分析，关注内外因素引起的客户需求变化趋势，并采取有效的客户留存措施，保证双方关系的稳定。目前，市场消费者对海洋渔业企业产品产生了一定程度的择牌购买现象，例如，青岛市场上比较有影响力的"大洋"牌烤鱼片，就受到消费者的欢迎，不仅成为家庭休闲食品的首选之一，也成为外出旅游、馈赠亲友的特色食品之一。"大洋"品牌已经有了广泛的客户基础，并有继续发展稳固的良好态势。客户关系稳定期也可以称之为"客户关系成熟期"。

（4）客户关系的消退期。客户关系的消退期是指客户与企业之间的关系逐渐疏远、淡漠以致最后终止双方关系的阶段，客户流失是其主要标志。负面新闻、以次充好等恶性事件造成的客户流失是突发性的，一般会使企业与客户关系戛然而止。客户关系的消退则是一个渐进的过程。造成客户关系消退的原因主要包括：一方面，顾客本身的原因造成的客户关系消退。例如，收入、年龄、消费品位、生活方式等各种因素变化导致的顾客需求的变化，使得顾客转变了忠诚对象，或者是顾客经历的不愉快的购买、消费体验，导致顾客转移购买对象。另一方面，企业自身的因素导致的客户关系消退。例如，企业产品质量差或服务不可靠，消费体验不愉快，都会造成顾客无法实现自己的价值预期，转而寻找更好的产品或服务以满足价值诉求。现阶段，完全由企业主导的价值形成过程，缺乏顾客的有效参与和反馈，无法实现生产流程与顾客需求的无缝对接；企业对顾客抱怨处理不妥当也会造成信任关系的破裂，引起顾客不满意，最终也使客户关系逐渐消退。海洋渔业企业在准确判断目标客户状态的前提下，要对客户关系生命周期阶段的发展变化趋势有全面了解，特别是要对重点客户进行跟踪管理，避免或推迟客户关系进入消退期。同时，应该根据市场环境的变化，及时发掘新的客源，以保证企业持续增长的顾客基础。海洋渔业企业可以根据一些参考指标来判断客户关系是否正进入消退期，例如客户的主动反馈是否日益减少，对企业的客户联结活动不再感兴趣，或者参与度降低；原先挑剔的客户是否在逐渐减少抱怨次数，也不再关心企业的回复结果，或者是常规性的客户满意度评估出现异常波动、负面口碑增加，等等。

在客户关系消退期，海洋渔业企业面临两种选择：一是采取客户挽回措施，建立新型客户关系，并促进关系的稳定，以降低客户流失率；二是放弃不可挽回的客户，重新开发新客户。例如，我们前文讲到的某海参养殖企业，其客户群主要是分布在华北及东北地区、年龄处于50岁以上的中老年人。养生保健品的消费必须具有时间上的连续性，才能保证其良好的养生效果。因此，消费者一旦选择了某一个品牌，并且接受其功能性价值，那么，客户关系很快会形成。如果经济性价值相对合理，海参品牌还能给客户更多的心理性价值、社会性价值，那么客户关系就会进入稳定发展期。但是，养生保健的替代产品很多，即使是习惯性购买消费海参产品的客户也可能因为这样那样的原因，转移购买其他产品。海参养殖企业可以通过改进工艺技术，保持客户关系的维系，如：增加海参产品的种类，使客户有更多的选择；或者改变产品形态，简化客户消费过程；或者改变海参产品的外包装，满足客户社交方面的需要等。这样，由于针对客户的多样化需求提供相应的产品或服务，海参养殖企业就有机会可以延长客户关系稳定期，推迟客户关系消退期的到来。对于那些无可挽回的客户，企业只能选择放弃，并寻找新的客源。例如，海参保健产品传统上一直被认为是年龄较大的人群的消费专利，但是，随着养生文化的普及，年龄相对较小的 50 岁以下的中青年群体也开始关注并购买海参类保健品。据调查，50 岁及以上年龄的消费群体除了原生态海参之外，更偏好购买半干海参或冻干海参，经过自己加工炮制之后食用；而 50 岁以下的中青年群体则更乐于购买容易服用的海参胶囊、即食海参等，以节约二次加工时间。所以，对海参养殖企业而言，如果传统的中老年客户关系可能进入消退期，那么企业就应该投资开发 50 岁以下的中青年消费市场。同时，调整海参产品结构，改变营销方式，利用社交网站、新媒体工具等与之沟通，以解决客户关系消退带来的问题。

在客户关系生命周期的不同阶段，海洋渔业企业应该理解影响关系质量的主要因素是什么。陈（Chen Popovich，2013）认为客户关系管理从其内在表现来看，主要有三要素，即人、过程以及技术。泽巴拉、柏林芝、乔斯坦（Zablah、Bellenger、Johnston，2014）等人则认为，改善客户关系的主要因素是信息技术，利用信息技术可以帮助企业建立和维系关系，从而获得利润。因此，在客户生命周期的不同阶段，要始终关注客户的价值需求及其发展变化趋势，对客户关系进行全过程跟踪管理，充分发挥信息技术的作用，保持有效的客户互动。利用信息技术追踪客户消费轨迹，在客户生命周期的不同阶段，强调不同的价值内容以增强海洋渔业企业与客户的关联性，促进客户关系稳定发展。

7.2.3　以价值增值为目标的客户数据库建设与更新

海洋渔业企业进行客户关系管理，必须掌握尽可能详尽的客户信息，了解客户生活方式及整个的消费轨迹，从而在客户需求呈现出来之前就做好相应的营销准备。为此，海洋渔业企业要建立全面系统的客户数据库。一般来说，海洋渔业企业可以通过搜集客户的购买消费资料，例如付款使用的信用卡，参加促销活动时提供的个人资料，在免费网站注册登记时留下的私人信息等等，作为建立客户数据库的资料来源。从性质上看，客户数据库中的客户数据包括：

（1）客户的自然特性信息，具体包括客户的姓名、年龄、性别、民族、职业等固有的信息。自然信息反映了客户的一般属性，也在一定程度上反映客户的消费特点。（2）客户的行为特性信息，主要包括客户的日常生活、居住地点、私人时间的安排、支出方式等。行为特性信息反映了客户的活动范围，也反映了客户的生活方式和消费轨迹。（3）客户的心理特性信息，主要包括客户的偏好、意愿、态度、观念等。心理特性信息反映了客户内在的心理倾向性，也反映客户未来可能的选择意愿和消费模式。收集客户信息，建立客户数据库并不是目的，而是要把客户数据转化为企业营销决策的依据，从而提高营销的准确性，获得市场竞争优势。此外，客户数据库不是一成不变的，而是在追踪客户消费轨迹的同时，随时补充和更新客户数据，以随时掌握随时间变化而变化的顾客预期、态度、行为等；这样企业可以更好地预测客户未来的需求变化，及时制定营销战略，并采取措施以实现营销目标，企业的营销能力也得以提高。

利用客户数据库中的客户信息，海洋渔业企业可以在考虑在哪些环节，如何采取措施增加客户价值，降低客户成本，以提高客户关系管理的效率，具体来说，包括：（1）更好地满足客户自主、独立的个性化需求，满足其心理性价值方面的诉求。在新的市场环境下，客户越来越重视购物过程中的自主选择权，追求物质满足的同时，也强调心理及精神上的愉悦感。因此，海洋渔业企业根据客户数据库中的相关记录，了解客户对产品的外观、颜色、包装、尺寸、材料、性能等方面的要求，利用技术手段使生产流程模块化，在最大范围内实现客户定制。客户定制作为一种特权，因为创造并提供了特殊的心理价值，更容易获得客户的偏好和支持，改进客户关系管理的效果，并带来海洋渔业企业营销能力的提高。例如，对于中国家庭而言，春节期间亲朋好友之间相互馈赠礼品，是一种历史悠久的传统习俗，对商务人士而言，向重点客户赠送答谢礼品也是一种行业惯例。海洋渔业企业如何针对不同目标客户的不同需求，推出市场接受度高的相应节庆产品，就必须以客户数据库中的数据信息作为决策依据。商务人士向重点客户赠送礼品，主要用于表达对客户的感恩之情以及对未来合作的良好愿望；海洋渔业企业可以提供高端、大气的礼品，并以精美包装、独特的祝福语来表达对客户的情谊。亲朋好友之间赠送礼物，主要处于情感、礼仪、传统习俗等方面的考虑，海洋渔业企业应该从文化、消费场合、地域差异性等方面入手，准备有特色的产品或服务以满足客户需求。（2）提供更多的客户参与机会，增进客户与企业的接触，强化情感纽带，提高心理性价值和社会性价值。具有高度自主性的客户，已经不再满足于被动接受企业推出的有限范围内的产品或服务，而是按照个人兴趣主动去寻找、去选择适合自己的产品或服务。客户数据库可以通过知识共享平台，或者相关的链接，为客户信息搜寻提供便利。互联网支持下的客户数据库，使得客户的互动选择成为可能。海洋渔业企业可以采用开放系统，鼓励客户的参与及反馈，搜集有价值的信息用于生产或服务流程的改进；而顾客通过参与，提高产品或服务的定制程度，满足心理及社交等方面的需求。（3）客户数据库可以为客户的购买选择提供更大的便利性，使经济性价值控制在合理范围内，以获得更强的营销能力。完善的客户数据库因为保留客户消费的全部轨迹，因此根据有关信息能够准确判断客户的需求节点，监控产生成本和费用的各个环节，并做出迅速合理的反应。这样，传统供求之间存在的时间、地理等方面的障碍，就可以轻易地被克服。客户数据库支持下的电商平台，可以依据客户个性化需求设置购物流程，简化销售环节，提高销售效率，使得客户的经济性价值最合理。此外，对于那些需求不稳定、品牌偏好尚未完全形成的客户而言，可靠的产品或服务、简化的购物流程、完整的产品及信息展示等具有相当大的吸引力。(4) 利用客户数据库中的客户偏好资料，建立并使用自动化群体推荐系统（里德尔，2004），以弥补"一对一营销"与提高企业营销能力之间的鸿沟。要想实现客户关系管理的最佳效果，使每一个高价值客户都满意，最佳方式莫过于采用"一对一营销"以满足客户个性化需求。但是，企业资源毕竟有限，在客户数量极其庞大的情况下，不可能采用真正意义上的"一对一营销"，否则营销成本将难以控制。而在客户数据库支持下，海洋渔业企业通过数据分析，尽管客户的需求是个性化的。但是，从整体市场来看，总会发现有相当数量客户的需求和偏好是类似的，并且可能在整体市场中达到一定的规模，因此，"自动化群体推荐系统"的创建就有了现实可能性。

　　"自动化群体推荐系统"是在社会推荐系统基础上发展起来的。推荐系统出现的原因是在信息技术和互联网高速发展过程中出现的，人们从信息贫乏走向信息过剩，客户面临的选择从单一化日益走向五花八门多样化，正确的决策更加困难。尤其是需求不明确的情况下，如何做出合适的选择更不容易。因此，海洋渔业企业可以通过分析客户的历史消费数据，按照类似客户以往的偏好建立自动化群体推荐系统，以帮助客户发现他们感兴趣的产品或服务。从这个意义上看，"自动化群体推荐系统"指的是利用互联网上的电商平台，依据客户过往的消费偏好有重点地向其推荐产品信息和购买建议，协助客户做出合理的购买决策，并模拟销售人员帮助客户完成购买过程的软件系统。该推荐系统的主要任务是将客户偏好与产品或服务信息有机结合起来，实现针对性营销、针对性满足客户的过程如图 7 - 2 所示。

图 7 - 2　自动化群体推荐系统的任务描述

　　从图 7 - 2 中我们可以清晰地看出自动化群体推荐系统的任务描述。在这个任务描述中，清晰地揭示了自动化群体推荐系统的工作流程，最重要的一点就是将客户和产品/服务信息通过自动化推荐系统联结起来：一方面，通过客户数据库的历史数据，包括注册信息、购买历史、兴趣记录、好友等，发现客户需求和偏好；通过推荐算法进行筛选以确定对客户有价值的信息是什么，这是数据的输入过程。当然，数据输入不仅仅限于数据库中的历史数据；在于客户互动过程中获得的动态数据也应该随时补充进来，以反映客户偏好的真实状况。另一方面，企业要把向客户展示的信息进行整合，以确定所推荐信息的可接受度，包括偏好不同的客户可能对哪些信息感兴趣；以何种方式进行信息推荐：以客户偏好的信息内容进行推荐，还是以客户之间的积极口碑进行推荐，所推荐信息的先后顺序如何确定，等等。这个属于数据的输出过程。为了保证自动化群体推荐系统数据输出的有效性和准确性，必须确定基于客户偏好的推荐算法，识别和区分客户，向偏好不同的客户展示不同的产品/服务的组合信息。客户偏好是最能揭示客户个性化需求的信息，它是客户个性特征和长期消费经验基础上形成的。由偏好不同的客户构成的细分市场，需要的产品或服务组合也不同；企业据此开展规模定制，不仅可以降低成本、提高营销效率，而且可以在"推荐系统＋客户偏好"基础上，建立自动化的群体推荐系统，并挖掘特定消费者或消费群体的特殊需求，增强服务市场的能力及学习能力。使得客户数据库在发挥商业智能及客户智能方面，具有基础性的支持作用。

以海洋渔业加工企业为例，对建立"自动化群体推荐系统"的过程和内容进行分析。首先，海洋渔业加工企业要对客户数据库中的客户购买消费行为数据进行筛选，包括客户在价格、产品类型、生产地点、交易方式、品牌等方面的偏好，以确定什么样的信息对哪些客户最有价值，完成数据输入。其次，海洋渔业加工企业根据客户偏好，来决定展示哪些信息：按照价格从低到高的产品信息展示；按照生产加工地点不同进行的信息展示；按照信用卡、支付宝、现金等不同支付方式进行的信息展示；按照品牌知名度不同进行的信息展示；等等。展示不同的信息，其目的是将海洋渔业加工企业的产品和服务与客户偏好相匹配。最后，按照不同的推荐算法设计个性化的网站页面，向目标客户进行针对性推荐，或者展示不同组合的产品/服务内容方面信息，或者是展示客户之间的协同推荐（即"口碑推荐"）。如果客户数据库中的数据表明，客户群体 A 偏好本地出产的M 品牌烤鱼片，那么在自动群体推荐系统中，就会针对客户群体 A 设计具有本地特色的推荐页面，将 M 品牌放在所推荐产品/服务组合信息的第一位。这样，一旦客户群体 A 中的任何一位消费者进入页码浏览产品信息，他首先看到的就是自己喜欢的 M 品牌；这样，既能有效满足 A 客户群体的消费需求，节约搜寻成本，又能在一定程度上降低其他品牌争夺客户的风险。由于营销有了针对性和准确率，海洋渔业企业在服务市场、应对环境变化、品牌培育及推广、互动学习等方面的综合营销能力，都会相应得以提高。

7.2.4　客户满意度评估与跟踪

客户关系管理的效果如何，必须要进行定期和不定期的评估，以了解客户关系管理的效果，并对出现的问题进行分析研究，及时解决，以提高客户保留率，维护海洋渔业企业发展的客户基础。海洋渔业企业要与客户建立积极的关系，必须要向客户传达企业所做的长期努力，以及对客户感知的持续关注。当企业进行满意度评估时，实际上是向客户传达一种信息：我们想建立和保持长期的关系，我们想获得这笔业务①。海洋渔业企业的客户满意度评估，必须首先确定对哪些客户的哪些方面进行衡量和评估：明确评估对象，是对组织客户的满意度进行评估，还是对终端消费者的满意度进行评估；明确评估内容，即对客户哪些方面的满意度进行衡量。海洋渔业企业客户满意度评估，可以包括对经销商、代理商等组织客户的满意度评估，也包括对终端市场目标客户的满意度调查。客户满意度评估内容，一般根据影响客户满意度的主要因素来确定。

影响海洋渔业企业客户满意度的主要因素包括两大类：客户本身的因素及企业方面的影响因素。菲利普·科特勒（1998）认为，客户满意是指一个人通过对一种产品的可感知的效果与其期望值相比较后，所形成的愉悦或失望的感觉状态。可见，客户本身的因素是客户满意度评估的重要因素，是评估主体。例如，如果评估组织客户满意度，那么组织客户的所在的行业、性质、经营特点等会影响客户满意度评估；如果评估最终市场的客户满意度，那么客户个性特征、客户期望、客户感知等都会影响满意度评估结果。例如，评估终端客户对作为休闲食品的烤鱼片的客户满意度，那么客户个性特征对评估结果有直接影响。客户期望、客户感知等都涉及了复杂的心理活动；而客户满意度也是一个心理活动过程，因此，客户本身的因素在评估中是决定性因素之一。客户满意度评估是针对企业提供的特定产品或服务在满足客户需求程度方面的评估，因此，产品或服务是满意度评估的对象，作为价值载体，也是客户满意度评估的客体。当然，围绕产品或服务，企业的整体表现也会对客户满意度产生直接或间接的影响，具体包括：（1）通过产品或服务为客户提供的问题解决方案的适用性，所创造和传递价值的独特性，这是获得客户满意的基础。海洋渔业企业需要做的是研究客户及其价值需求，并通过技术、客户关系等使产品或服务

---

① 威廉·G·齐克蒙德、小雷蒙德·迈克利奥德著：《客户关系管理》，胡左浩、贾嵩、杨志林译，中国人民大学出版社 2005 年版，第 160～172 页。

具有市场区分度，从而赢得客户的青睐。（2）服务支持及其效果，这是问题解决方案落实的保证。海洋渔业企业的服务支持，包括：企业对客户信息沟通方面的服务支持，定价、储运、安装、服务时间、员工素质、维修与技术、客户求助等方面的支持等，是价值形成和增值的主要手段，用以保证产品或服务所负载的价值的传递和实现。（3）客户互动管理，以保持对客户需求变化趋势的把握及对客户的持续关注。海洋渔业企业的客户互动管理，主要是准确判断客户需求出现的时机，并在客户数据库支持下实现自动化销售；也是通过客户互动中的员工表现、服务速度、接触质量等，影响客户的感知质量及其评估结果。（4）建立情感纽带，以激发客户对企业的情感依附效应。客户是否满意，很大程度上取决于价值创造和形成过程是否符合客户预期；换句话说，就是客户关系所创造的内在价值和外在价值是否能够符合客户生理或心理方面的需求，关键看企业给客户的感受如何，而不仅仅是交易本身。海洋渔业企业只有意识到自身努力给客户留下积极的情感体验有多重要，也就有了更多的交易机会和客户满意。（5）塑造良好的企业/品牌形象，给客户以安全可靠的印象。客户满意必须有一个强大的保障体系，而良好的企业/品牌形象，是在严守质量标准、信守客户承诺、降低服务失误等基础上逐渐形成的；它可以令客户放心，从而促进满意度的形成。客户及企业对客户满意度评估的影响如图 7 - 3 所示。

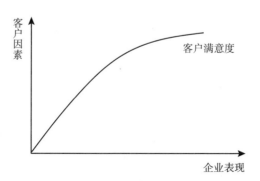

图 7 - 3　客户满意度的影响因素

从图 7 - 3 中可以看出，积极的客户因素和良好的企业表现与客户满意度之间是正相关的关系，即：客户满意度评估结果是由客户因素与企业表现共同决定的。如果客户预期水平合理，客户感知是积极的、肯定的，企业在客户眼中表现良好，则更容易获得高水平的客户满意。

7.3　互联网 + 知识共享平台的建设

在共创价值模式下，如何降低信息不对称，最大限度地发挥知识在互联网条件下对价值形成过程的促进作用，必须有一种相互交流、相互沟通、共同学习的平台，即知识共享平台。"互联网 + 知识共享平台"，实际上就是"互联网 + 传统海洋渔业产业"基础之上的知识共享平台。但这并不是"互联网"与"传统海洋渔业产业"两者简单相加就可以建立知识平台，而是利用信息通信技术以及互联网平台，让互联网与传统海洋渔业产业进行知识、创新等方面的深度融合，以促进一种新的发展生态的产生[1]。互联网 + 知识共享平台的建设，是海洋渔业产业共同发展的需要。同时，也是海洋渔业企业成为价值链上必不可缺环节的重要途径，使得基于价值形成过程的营销能力培育和提升成为可能。"互联网 +"的关键就是知识创新，只有知识创新才能让"+"真正有价值、有意义。鉴于此，海洋渔业企业建设"互联网 + 知识共享平台"，就是借助互联网信息技术的传播速度快、信息容量大、沟通具有便利性等特点，促进传统海洋渔业企业的知识共享和知识创新。

7.3.1　互联网 + 知识共享平台建设内容

海洋渔业企业的"互联网 + 知识共享平台"建设，其内容主要包括"互联网 + 知识共享平台"的目标、形式、范围等方面的内容。

具体而言，"互联网 + 知识共享平台"建设的内容极其庞杂，我们主要就以下几个方面进行分析：（1）为企业文化建设形成知识积淀。没有"文化"的企业，往往注定了在市场上不可能走很远。而优秀的企业文化，必须有深厚的知识积淀。"互联网 + 知识共享平台"，为知识积淀提供了技术上的可行性，并提供了广阔的知识积淀平台，可以进一步拓展海洋渔业企业文化建设的思路。海洋渔业企业可以充分利用互联网获取知识、筛选知识的便利性，最大限度地积累关于海洋渔业产品和服务方面的传统、风俗，以及企业精神、企业制度、企业观念等知识，为企业文化的积淀和传承奠定基础。（2）在更大范围内实现知识的共享。没有互联网这个生态系统，知识的共享将非常困难，并且分享范围和效率也很低。"互联网 + 知识共享平台"则可以克服知识分享的技术难题，实现知识在组织之

---

[1]　曹飞燕：《互联网金融时代商业银行变革方向》，载《新金融》2013 年第 11 期，第 42~45 页。

间以及人员之间的分享。组织之间的知识共享,是为了解决组织在市场上发展、壮大过程中遇到的共性问题。例如,任何一个海洋渔业企业的成长,都需要产业内上下游企业的支持,相互之间的学习是必不可少的;成功的管理经验和成熟的技术,可以使企业少走弯路,因此相互之间的学习和借鉴也是非常必要的。可见,组织之间的知识分享,在一定程度上可以实现"成功经验的复制和扩散",使得企业价值形成基础上的营销能力提升成本更低。人员之间的知识共享,包括组织员工之间及客户之间的知识共享。在营销能力培育与提升过程中,营销人员的知识和技能水平在其中起着决定性作用。通过共享知识平台的建设,能够有效地将企业员工所拥有的丰富知识经验总结、沉淀、传承下来,从而保证海洋渔业企业可持续发展的人力资源基础。客户知识的共享,主要是口碑推荐,在互联网条件下有了更大的影响范围,前文所谈到的"自动化群体推荐系统",可以说是客户偏好知识的有效运用。这样,"互联网+知识共享平台"可以促进组织之间的知识分享,提高组织的管理及技术水平;也可以促进组织内部员工之间的知识共享,为员工素质提高提供一套可行的方案;还可以促进客户之间的知识共享,在客户购买选择中发挥"鼠标筛选"的作用。(3)提高知识重复使用的频率。在信息爆炸时代,海洋渔业企业面临的重要问题是知识过载。如何从海量知识中寻找有价值的线索,准确判断企业可能面临的市场机会,往往决定企业的生死存亡。而"互联网+知识共享平台"的建设和运行,使得那些有价值的知识如大浪淘沙般留存下来,并且有更高的重复使用效率,知识的价值被充分挖掘出来。同时,"互联网+知识共享平台"也使得有效知识在产业内和产业之间的传播成为可能,避免了海洋渔业企业的重复性工作,降低产出成本,并在交流学习中进一步提高整个产业的发展水平。(4)在更大范围内促进知识的创新。海洋渔业企业要提高营销能力,增强对市场环境的适应性,就必须顺势而为,不断进行创新;不管是管理创新还是技术创新,其本质都是知识创新,在市场上表现为一种新知识的出现。而知识创新具有传承性,必须在深厚的知识积淀基础上,通过知识交流和共享,才能出现新的思想和新的知识。在这种新思想和新知识的指导下,企业的价值创造潜力才能被充分挖掘出来,并推动其知识资源在数量和质量两方面的日益增长。

在共创价值模式下,"互联网+知识共享平台"的建设,使海洋渔业企业的营销能力培育与提升有了更坚实的信息技术支持,更容易取得成效。

7.3.2 互联网+知识共享平台运行管理

互联网+知识共享平台的运行管理,可以促进海洋渔业企业的知识创新,消除或降低信息不对称问题，加强部门与部门之间以及组织与市场之间的沟通效率，能够为企业创造更多的生存发展机会，提高其整体营销能力。互联网＋知识共享平台的运行模式，可以是限于企业内部网（Intranet），知识的发布和分享只限于内部系统，外部的用户必须经过企业的防火墙或代理服务器才能与系统相连接。这种模式的优点是，企业的控制性比较强；知识分享仅限于组织内部，容易保证知识的安全性。互联网＋知识共享平台的另一种运行模式是基于多个物理地址的企业内部网络系统（Extranet），一般适用条件是：海洋渔业企业各地有分支机构，且分支机构规模较大，业务相对独立、拥有自己的局域网络系统。该模式的优点是，保证知识在全企业内部的共享，企业内部网络系统的建设成本也比较低。还有一种互联网＋知识共享平台的运行模式称之为企业自有 Web 的应用模式，企业有自己的 Web 网站，通过互联网向用户发布和分享知识。最后一种模式是企业在内部网络之外的互联网（Internet）上直接向分支机构、用户发布或分享知识，这种模式称之为主机托管应用模式，优点是接入系统的成本低，专业服务商承担网络安全、访问控制等问题。海洋渔业企业对互联网＋知识共享平台运行管理的框架如图 7－4 所示。

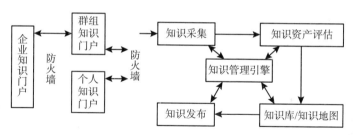

图 7－4　海洋渔业企业互联网＋知识共享平台管理框架

从图 7－4 中可以看出，海洋渔业企业的互联网＋知识共享平台管理，是在企业主导下，对企业各方面知识进行采集、评估、发布、分享的全过程管理。它是在新的形势下建立学习型组织必须要具备的管理技能。海洋渔业企业对互联网＋知识共享平台的运行管理，主要包括两方面的内容：一方面，它是为客户提供可定制的知识共享门户，搭建知识整合和知识创新的平台。客户可以通过企业网站，了解企业及产品/服务的最新知识，加强对企业的了解。同时，通过客户反馈渠道，参与到价值形成过程中，将个性化思想融合到产品或服务的设计、生产等整个流程中，实现知识创新和价值增值。另一方面，互联网＋知识共享平台的运行管理还可以为企业提供一种人力资源全过程培训框架，为营销能力提升奠定人力资源培训基础。企业通过知识资产化管理，创建企业知识地图，了解知识类型及分布状态，不仅为管理层提供决策依据，还可以为不同岗位、不同职业生涯阶段的员工创建个性化培训方案。同时，把不同时期员工创造的知识作为企业资产积累下来，可以奠定企业持续成长的基础。

7.3.3　客户知识管理的作用

互联网＋知识共享平台创建客户知识共享平台，以在组织内部充分发挥客户知识的作用，提高组织的客户导向性和市场适应性。客户知识是企业对纷繁复杂的客户信息进行收集、存储、分析、输出，在组织内部进行分享之后形成的有利用价值的信息。在共创价值模式下，客户知识管理保证企业在理解客户基础上，使得营销过程更有趣味性，对顾客也更有吸引力。如前文所述，海洋渔业企业的客户知识主要包括客户姓名、性别、年龄、民族等自然知识，也包括客户日常生活、日程安排、支出方式等行为方面的只是，还包括客户观念、态度、动机、偏好等方面的心理知识。只有了解客户及其知识，海洋渔业企业的市场营销活动才能做到有的放矢。具体来看，海洋渔业企业进行客户知识管理的作用主要包括：

首先，客户知识是企业进行知识创新以及市场拓展所需要的最重要的知识，客户知识管理可以保证企业的价值创造与形成过程符合顾客预期，并由于供求的有效衔接而使产品或服务的市场适销性大大加强。企业营销活动也不仅仅是企业本身的事情，而是需要顾客密切关注、始终参与的共同行为。开放式的企业网站、新媒体沟通技术、客户互动活动设计等，使客户对价值形成过程的参与变得越来越简单，客户也成为价值形成过程不可缺少的主体之一。海洋渔业企业只有全面掌握客户知识，才能为客户参与和客户关系管理创造便利性。

其次，客户知识管理可以通过大数据追踪顾客的生活方式和消费模式，在此基础之上的企业营销活动将更具有针对性，可以实现一定程度上的客户产品或服务定制。海洋渔业企业可以根据客户知识，为偏好不同的客户提供不同的网页设计，展示不同的产品或品牌信息，向客户推出定制式套餐服务，这样更容易打动客户。例如，海洋渔业企业为商务客户定制春节期间的海鲜礼品盒，并根据接收者的不同类型，设计不同的包装、不同的祝福语，更容易引起客户的心理共鸣和情感上的依附效应；因此，也更容易形成客户的品牌偏好和品牌承诺，并且最终也容易导致客户忠诚的形成。这样，营销能力的提升就成为顺理成章的事情。

最后，客户知识管理也使客户口碑在网络平台上更容易发展成为一种群体筛选能力。客户知识的内容极其庞杂，海洋渔业企业有目的、有甄别地进行筛选和管理，发掘客户知识的价值，才能在知识资源累积的同时，提升其营销能力。在这种情况下，那些对企业有利的客户知识，例如客户口碑（包括客户对特殊产品或品牌的偏好），就可以为企业带来丰厚的利润回报和持续的增长。在网络条件下，类似"点赞"这样的客户口碑，如果有良好的产品或服务基础，就很容易在企业有意识地推动下，形成一种新的消费趋势。建立在客户偏好知识基础之上的自动化群体推荐系统，借助网络平台，其影响力更大，营销效果更佳。

综上所述，基于价值形成过程的海洋渔业企业营销能力提升措施，需要各方的共同努力：政府政策保障，通过海洋渔业产业发展的战略规划为基于价值形成过程的营销能力提升明确了方向；政府对海洋渔业企业的适度政策引导，确立了价值链及价值形成过程中重点企业及其承担的价值创造及形成过程中的任务；具有环境适应性的产业政策，强调了价值形成过程中特殊的、差异化的价值基础上的营销能力提升措施。客户关系管理，通过为不同的客户提供差异化的价值、在价值形成过程的不同阶段创造并满足客户的不同价值诉求等途径，提升海洋渔业企业的营销能力，并以价值增值为基础建立客户数据库、以对客户满意度的评估和跟踪为方向，改进企业与客户的关系，从而提升海洋渔业企业的营销能力。最后，以互联网+知识共享平台的建设，从技术上保障海洋渔业企业营销能力的提升。

第8章 全球价值网链下中国海洋渔业企业的营销能力培育机制

在经济全球化的浪潮中，不仅价值形成过程和内容跨越了海洋渔业企业以及国家的界限，而且其营销活动也成为更大范围内的价值创造、形成及实现的过程，海洋渔业营销能力培育必须在复杂的机制中才能得以顺利进行。本章将对全球价值网链及其营销能力培育机制进行系统分析，以期为中国海洋渔业企业的营销能力培育和提升开辟新的思路，寻找新的途径。

8.1 全球价值网链及其影响

经济全球化的一个突出特点是国际分工不仅在国家层面上，而且在更大范围的企业层面上进行。价值链也不仅仅是一个产业的企业内部所包括的价值创造活动所形成的价值链条，而且还包括全球范围内多个企业同时参与一种价值创造活动的情况，形成错综复杂、相互交织的价值网链。具体来说，从产品创意、研发、设计、材料采购，一直到最终产品推向市场，企业所从事的往往只是产品或服务生产加工的某一个环节的工作，必须依赖更大范围内的上下游企业的共同协作，才能促进价值形成过程的顺利完成。因此，全球化及互联网经济的出现，使海洋渔业企业基于价值形成过程的营销能力培育研究，有了更加广阔的空间。考虑到全球价值网链这一大背景，才能在更广阔的领域内探索中国海洋渔业企业营销能力培育机制问题。

8.1.1 全球价值网链形成动因

经济发展过程中出现的全球化、信息化趋势，使得企业经营活动已经成为世界经济相互关联的组成部分，任何一个经济实体都无法脱离这个背景。国际分工的日益精细化，使得每一个国家、每一个企业都成为价值形成过程的构成部分，即使是价值形成过程的同一个环节，也有众多企业参与。只有那些能够促进价值形成过程顺利进行，并且保证价值增值和价值实现的价值形成过程才能被市场所认可，企业价值和顾客价值才能实现，在此基础上形成了全球范围内的价值网链。任何不能融入全球价值网链的企业，迟早将被淘汰。总的来说，全球价值网链形成动因主要包括：

首先，推动全球价值网链的形成，是提高企业市场环境适应能力的要求（Padakis，2005）。现代企业面临的市场环境更加变化莫测，市场机会更加难以把握。如何在激烈的市场竞争中寻找生存的一席之地，必须能够凸显企业存在的价值，发挥企业在价值网链中必不可少的作用。这样形成的利益共同体，抗击市场风险的能力才会大大增强。在全球价值网链中，那些具有不可替代地位的价值创造活动，更能提高企业的环境适应能力。例如，居于全球价值网链两端的研发、营销活动，一般都是企业核心能力之所在，也是价值增值的重要环节，所以往往被实力雄厚的跨国公司所掌控，其适应环境的能力相对比较强；相反，居于价值网链中低端的生产、加工等环节，可复制性比较强，技术难度比较低，价值增值空间往往也比较小，所以往往集中在成本较低的发展中国家的企业中，其适应环境的能力相对比较弱。一旦发展中国家的市场环境发生变化，成本上升，跨国公司就会转移其生产基地，开拓新的市场，原有的企业就会面临着被抛弃的命运。但是，不管企业居于全球价值网链中的哪一个环节，只要价值创造能力强于其他同类企业，那么，在一段时间内，它对价值网链的贡献就比较大，也会有较强的环境适应能力。

其次，是增强价值创造能力的保障。全球价值网链的形成以后，企业只有成为这个价值网链上不可或缺的一环，才能有机会生存发展下去。因为，成为全球价值网链上的必要环节，意味着企业在某一项活动中有更强的价值创造能力，也有更大的市场影响能力。参与到全球价值网链中去，企业可以从更广阔的市场上获得稀缺资源，有了价值形成和营销能力孕育的物质基础，生产出来的产品或服务可以在更大的市场上销售，顾客范围扩大，市场力量得以增强。如果海洋渔业企业不能成为全球价值网链的必要环节，就会丧失价值形成过程的物质基础，没有机会为市场创造和传递价值，从而被市场所淘汰。

最后，是保证战略导向正确性的基础。在目前的市场环境下，全球价值网链的形成，可以促使海洋渔业企业具备全球视野，找准自己在价值网链中的战略定位，利用更大范围内的资源，强化其在全球价值网链中不可取代的作用，以保证战略导向的正确性。如果企业一味局限于地区市场，难以预测企业发展前景，企业对于全球价值网链来说可有可无，那么它被市场所淘汰则是迟早发生的事情。

因此，全球价值网链的形成，既可能促进价值形成过程的优胜劣汰，提高价值创造效率和在此基础上营销能力的培育，也可能由于进入壁垒的建立，而将众多发展中国家的企业排除在全球价值网链之外，进而剥夺发展中国家海洋渔业企业的市场生存机遇。

8.1.2 全球价值网链对中国海洋渔业企业营销的积极影响

对中国海洋渔业企业而言，全球价值网链的形成的积极作用是显而易见的。随着中国经济的崛起，中国海洋渔业经济也成为世界海洋经济的重要组成部分，中国海洋渔业企业也将在全球价值网链中发挥越来越大的作用。具体来说，全球价值网链的形成对中国海洋渔业企业营销的积极作用包括以下几点：

第一，提供了更多的资源来源途径。全球价值网链的形成，促进了全球范围内资源、信息、技术等的流动。中国海洋渔业企业可以从更大范围内获得资金、技术、人才等方面的有形资源，使基于价值形成过程的营销能力培育具有更坚实的物质基础；而且还可以占有、使用更多有价值的信息、客户等方面的无形资源，发现更多的营销能力培育途径。例如，中国是世界上最大的水产品养殖国家，2014 年发布的《世界渔业和水产养殖状况》表明，亚洲占世界水产养殖总量的 89%，其中中国水产养殖就占到 60% 以上。但是，一家海水养殖企业很难单靠自己的力量做好养殖、市场研究、技术开发、产品市场推广等工作。同时，不同国家海洋渔业企业所擅长的价值创造活动各不相同：中国是最大的水产品生产、养殖基地，产出数量高；而在种苗培育、温控技术、病虫防治等方面，还需要向发达国家的海洋渔业企业学习；此外，如何研究市场、如何推广品牌，也是需要中国海洋渔业企业长期关注的工作。

第二，提供更广阔的市场空间。参与到全球价值网链中，意味着中国海洋渔业企业可以进入更大的市场空间。资源、信息、技术等互通有无，强化了海洋渔业企业之间的国际合作，也意味着每一个企业可以服务更大的市场，有更多的服务对象；企业可以在广阔的市场中，发掘和寻找新的机会，提高其学习能力及综合营销能力。但是，中国海洋渔业企业能否真正参与到全球价值网链中，还要看企业是否具有较强的价值创造能力，是否对全球价值网链具有不可取代的价值贡献。如果中国海洋渔业企业仅仅是低成本资源的提供者，或者是海洋渔业产品的简单生产者、加工者，那么就不能算是融入了全球价值网链。

第三，为中国海洋渔业产业调整和融合创造了机会。从当前的情况来看，中国海洋渔业产业存在的突出问题是：中小企业数量很多，价值形成过程中的低水平重复现象严重；结果，造成资源浪费严重，营销效率低下。全球价值网链的形成，意味着在全球范围内，只有那些能够有效促进价值创造和价值传递的企业才可能有更多的生存机会。利用这个机会，中国海洋渔业产业可以根据全球价值网链的运行特点和价值创造目标，深入研究市场，促进产业内企业的调整和整顿：降低价值形成过程的低水平重复，提高资源利用效率；提高价值创造水平，参与到全球价值网链的整个过程中，并成为其中不可缺少的组成部分。

当然，全球价值网链对中国海洋渔业企业的营销更能够起到积极影响，其前提条件是中国海洋渔业企业在全球价值网链中具有存在的必要性。只有这样，中国海洋渔业企业才能因为参与到全球价值网链中去，得以提高其营销能力；而全球价值网链也会因为中国海洋渔业企业的加入，提高其整体价值产出水平，更好地满足更多消费者的需求。

8.1.3　全球价值网链对中国海洋渔业企业营销的消极影响

全球价值网链的优胜劣汰作用，对中国海洋渔业企业来说，不仅有其积极的一面，而且也意味着挑战和风险，具有消极影响的一面。全球价值网链对中国海洋渔业企业营销的消极影响主要有：

（1）剥夺那些对全球价值网链的价值形成过程无贡献或贡献程度小的企业的生存机会。中国海洋渔业企业的整体实力比较弱，特别是大量的中小企业居于企业生态系统的低端，往往从事简单的分拣、加工等低价值创造活动，可替代性强，对全球价值网链的贡献是比较小的。如果生产经营活动发生了变化，比如，人工、土地、原料等成本上升之后，很多中国海洋渔业企业原有的资源优势就会丧失殆尽；很高的可替代性又意味着转移成本很低，这些低价值创造活动就会轻易地转移到资源更丰富、价格更低廉的不发达国家和地区。目前，国际产业格局的变化，以及产业的国际迁移已经说明了这个问题。经济全球化进程的加剧，对众多中国海洋渔业企业而言，并不是一个利好消息。中国海洋渔业企业只有不断提高在新技术开发和利用、市场研究、市场营销等环节的价值创造能力，才能在全球价值网链中占据不可替代的地位。

（2）如果既有利益格局难以打破，将会迫使中国海洋渔业企业居于全球价值网链的低端。全球价值网链的形成，在国际范围内形成了一种利益分配格局：发达国家的跨国公司因为掌控价值增值最多的研发、市场营销等环节，而居于全球价值网链的顶端，获得最高的利益和最大的市场影响力。发展中国家因为经济起步比较晚，进入世界经济体系的时间比较短，在技术、研发、营销等环节存在天然短板，价值创造和形成能力有限，往往从属简单的生产、加工等价值增值比较少的环节，从而居于全球价值网链的低端，获得的利益回报是比较低的。这种利益格局一旦形成将难以打破，因为技术壁垒、贸易壁垒、文化壁垒、管理水平差异等的存在，保护着跨国公司的既得利益。居于全球价值网链低端的企业，则可能因为学习通道在一定程度上被堵塞，难以获得稀缺资源的支持，上升到全球价值网链顶端的机会微乎其微。所以，中国海洋渔业企业要想改变自己在全球价值网链中的地位，必须开辟学习和创新的新途径，加快融入全球价值网链的速度和广度。只有这样，中国海洋渔业企业才能逐步在全球价值网链中取得相对有利的地位。

（3）中国传统的海洋渔业企业的发展模式将会面临严重挑战。相对来说，中国有丰富的海洋渔业资源，广阔的国内市场，过去长期的计划经济体制，使海洋渔业企业逐渐形成了粗放式的资源依赖型发展模式，在市场经营中重投入、轻产出，重生产、轻市场，结果是，价值产出水平低，产品或服务的市场衔接度差。加上中国海洋渔业企业进入世界市场的时间比较晚，对全球价值网链的运行规律知之甚少，长期按照粗放式的发展思路进行国际化经营，一味靠低价格、拼资源来争取市场，结果对企业价值创造能力是一种很大的损害。全球价值网链形成之后，中国海洋渔业企业能否在其中找到自己不可替代的作用，关键看企业对价值网链的参与程度及影响能力：即，能否创造并提供独特的价值内容；能否开创一种独特的价值传递模式；能否在价值形成过程中寻找一种新的发展模式，等等。前文谈到的海洋渔业企业的价值链发展模式，可以为中国海洋渔业企业在全球价值网链形成过程中寻找成长机会，提供新的发展思路。

全球价值网链对中国海洋渔业企业的积极影响和消极影响都是相对而言。如果海洋渔业企业能够充分抓住全球价值网链形成过程中提供的新资源、新市场、新思想，形成强大的价值创造能力以及营销能力，那么企业的成长将是顺理成章的事情。如果海洋渔业企业被既有的全球价值网链所束缚，没有突破现有价值利益分配格局的欲望，处于被动、从属的地位，将难以在全球价值网链中占据不可替代的地位，那么企业被全球价值网链拒之门外也将是不可避免的事情。

8.2 全球价值网链下营销能力培育机制的建立

中国海洋渔业企业要想成为全球价值网链中不可替代的一个环节，必须在提高价值创造水平的前提下建立营销能力培育机制，才能保证在全球价值网链形成过程中不被淘汰。所谓的海洋渔业企业营销能力培育机制，就是营销能力培育的程序、规则及其有机联系和有效运转。全球价值网链环境下，中国海洋渔业企业面临相对陌生的国际市场，营销能力的培育具有更大的不确定性。建立全球价值网链条件下的中国海洋渔业企业营销能力培育机制就是要熟悉国际规则，更好地把握市场机会，以促进其营销能力的培育与提升。

8.2.1　全球价值网链下建立营销能力培育机制的基本规则

中国海洋渔业企业只有在了解全球价值网链特征及运行规律的前提下，充分地参与其中，才能成为全球范围内价值形成过程中的必要组成部分。为此，在建立营销能力培育机制时，海洋渔业企业应该遵循以下规则：

规则一：全面分析、慎重参与。全面分析全球价值网链的构成及其特点，了解其运行规律。全球价值网链的运行，同样遵行市场生态系统"优胜劣汰、适者生存"的原则，只有那些对全球价值网链形成的生态有贡献的企业，才有生存的机会。在纵横交错的全球价值网链中，要对不同类型的价值链及其贡献有正确的认识：在全球价值网链中，有一些占据主导地位的价值链，具有很高的价值产出效率。有一些占据辅助地位的价值链，支撑主导价值链的运行。还有一些不完整、不符合整体经济发展要求的价值链，对全球价值网链正常运行有干扰作用。国家、地区的发展水平不同，其经济实体在全球价值网链中的地位和作用也有很大的差异性。中国海洋渔业企业在参与到全球价值网链过程中，只有知彼知己，才能准确定位，并保证企业营销能力培育的有效性。

规则二：扬长避短，彰显优势。中国海洋渔业产业在长期的发展中，形成了自己的产业特点和经营特色。通过对全球价值网链的分析，以及与发达国家海洋产业发展的对比中，中国渔业企业要进一步明确自身的优势和劣势，以便能成为价值网链中不可缺少的环节，为目标市场提供独特的价值内容。尽管与发达国家相比，中国海洋渔业企业整体实力弱，技术水平和管理方法相对落后，市场化进程也比较缓慢。但是，在海洋食品、海洋文化、海洋资源等方面，中国海洋渔业企业在长期的经营中积累了丰富的经营，加上海洋渔业产品消费历史悠久，国内市场基础雄厚，与国外海洋渔业企业相比，具有一定的差异化优势。在经济全球化进程中，如何共同把世界海洋经济这块蛋糕做大，提高全球价值网链的整体产出效率，是各国海洋渔业企业面临的共同难题。中国海洋渔业企业只有扬长避短，才能通过提供差异化价值内容，融入全球价值网链中。

规则三：重点突破薄弱环节，创立有竞争优势的价值创造活动。随着改革开放政策的全面落实，中国海洋渔业企业融入全球价值网链的程度也在不断加深。特别是养殖技术、自动化及半自动化生产加工线的引入，使得海洋渔业企业的生产水平、产出水平、市场服务能力等在短时间内都得到了极大提高。但是，生产、加工环节属于全球价值网链中价值增值率比较低的环节，无法有效提高中国海洋渔业企业在国际市场的营销能力。相反，那些价值增值率比较高的价值形成环节，包括价值界定阶段的市场研究、产品研发等基础性工作需要长期投入和持续跟踪，中国海洋渔业企业做的比较少。市场营销阶段的企业文化建设、品牌培育与推广等工作，也需要长期的积累和积淀，无法在短期内看见成效，中国海洋渔业企业同样重视程度低。要想成为全球价值网链的必要组成部分，中国海洋渔业企业就需要全面融入全球价值网链，强化价值界定阶段的基础性工作，对价值传递和价值实现过程予以充分关注。只要这样，中国海洋渔业企业在世界市场上才可能具有一定的话语权。

只有遵循以上基本规则，中国海洋渔业企业才能更好地融入全球价值网链中，在此基础上培育并提高其营销能力。

8.2.2　全球价值网链下建立营销能力培育机制的步骤

对于中国海洋渔业企业而言，在全球价值网链下建立营销能力培育机制主要包括以下步骤：

首先，识别营销能力的来源，并加以维持和扩展，以便有选择地培育有优势的营销能力。前文的分析（第5章）指出，海洋渔业企业的营销能力的来源，主要是各种有形资源和无形资源，以及对有形资源和无形资源的整合利用。在全球价值网链下，形成营销能力的有形资源、无形资源的种类和数量，都与国内市场有区别；资源的整合利用方式也完全有别于原先的市场环境。中国海洋渔业企业在全球价值网链下建立营销能力培育机制，不仅要准确识别现有营销能力来源的资源类型及资源整合利用方式，维持这些资源来源及其整合利用；而且还要在更大范围内扩展资源的来源及整合利用，为营销能力培育奠定更好的基础。具体来看，一方面，中国海洋渔业企业可以寻找更多的财务资源、更先进的技术资源等方面的支持，为营销能力培育打好价值形成过程的物质基础，也可以在更大范围内推广企业及其品牌，建立并巩固客户关系，为营销能力的培育进一步丰富价值形成的内容基础；另一方面，中国海洋渔业企业还可以通过跨国合作，与相关企业或组织形成资源互补优势，以扩展资源整合利用的方式，为营销能力的培育寻找新的方法。

其次，分析营销能力强或弱的原因，寻找提升营销能力的新途径。中国海洋渔业企业在融入全球价值网链的过程中，必须对其营销能力水平有一个客观全面地评价，了解哪些方面的营销能力比较强，哪些方面的营销能力比较弱，找出其营销能力强或弱的原因是什么，并且有针对性地提升其营销能力。从目前的情况看，中国海洋渔业企业营销能力比较弱的原因主要是：无形资源积累不足，削弱了价值增值的空间，营销能力主要集中在对目标顾客价值需求的低水平满足方面；资源整合利用效率差，无法有效支配和使用更多的外部资源为我所用；学习和适应能力差，综合营销能力水平低；过于追求立竿见影的成效，缺乏战略性长期规划，对产品或服务负载的价值内容没有深入分析，只关注表面的、低层次的价值内容，导致价值形成过程的产出不丰富，营销能力的培育基础差。为此，在营销能力培育机制的建立过程中，中国海洋渔业企业必须强化营销能力培育的资源基础，特别是无形资源基础，提高企业学习能力，养成高瞻远瞩的战略眼光，在全球价值网链中寻找培育及提升营销能力的途径。

最后，按照对企业的重要性区分营销能力类型，进行差异化管理。根据前面的分析，我们认为现阶段中国海洋渔业企业的营销能力主要包括：服务市场的能力，品牌培育与推广能力，适应市场变化的能力，以及学习和创新能力等。但是，对于一个企业而言，在发展的某一个阶段，存在某一个起决定性作用的营销能力。例如，对于进入一个新市场的海洋渔业企业来说，最重要的是如何突破旧有的经营模式，尽快适应新的市场，因此适应市场变化的能力就非常重要；在融入全球价值网链的过程中，学习和创新能力将决定企业的去留；在成熟稳定的市场中，服务市场的能力将有利于企业保持稳定的发展。因此，营销能力培育机制的建立过程中，根据内外环境的变化，对重要的营销能力进行重点培育和管理，可以收到更好的效果。

全球价值网链下，中国海洋渔业企业的营销能力培育机制的建立是一个复杂的系统工程，需要企业长期投入和国际间的密切合作，才能促进营销能力的培育和提升，提高我国海洋渔业企业的整体竞争水平。

8.3　全球价值网链下营销能力培育机制的实施

中国海洋渔业企业营销能力培育机制的建立，归根结底是提高企业在全球价值网链中的市场反应速度和反应效率，更好地满足不同目标顾客的价值诉求。因此，中国海洋渔业企业在全球价值网链下的营销能力培育机制的实施重点是：

8.3.1　目标顾客导向的企业文化建设

建设顾客导向的企业文化，给予顾客更多的人文关怀。由于国与国之间存在文化的差异性，海洋渔业企业在融入全球价值网链过程中，既要考虑到不同目标市场上顾客价值需求的共同性，也要考虑到价值诉求的差异性。因此，目标顾客导向的企业文化建设，就有了更丰富的内容。中国海洋渔业企业在国内市场积累的文化财富，可以在一定程度上作为进入国际目标市场的差异化资源基础。同时，充分考虑本土文化的特色以及目标市场文化的独特性，寻找文化融合的机会，体现对顾客的人文关怀，以切合实际情况的功能性价值、心理性价值和社会性价值满足顾客需求，培育并提升各种营销能力。

8.3.2　学习关系的保持

中国海洋渔业企业应该保持学习关系的稳定性和长期性。全球价值网链下海洋渔业企业营销能力培育机制的实施，很大程度上取决于企业的人力资源和结构和整体情况。因为，人力资源的素质高低在很大程度上决定了其学习关系及学习能力。中国海洋渔业企业在全球价值网链中到底占据什么地位，发挥什么作用，归根结底是由员工的学习水平决定的。在一个全新的环境中，企业需要面对新的客户，需要制定新的市场营销组合，需要提供一系列新的问题解决方案。只有学习能力较强的员工才具有较高的环境适应性和敏锐的市场洞察力，才能稳定而长期持续的学习关系，从而激发企业学习创新能力，加速对全球价值网链的融入程度和重构能力。

8.3.3　基于价值增值的客户数据库

完善的客户数据库是中国海洋渔业企业融入全球价值网链的前提和决策依据。建立客户数据库，并保持客户数据的时效性，可以准确界定客户价值需求，并在此基础上促进价值的创造和形成过程，实现一定程度上的客户定制，提高供求的衔接程度，从而促进营销能力的培育和提升。此外，保持客户数据库中的数据的动态性，及时补充并更新客户数据，以准确反映客户状态。同时，跟踪客户购买消费轨迹，使客户互动常态化，通过定期或不定期的客户接触，给予客户更多的关注和情感满足，在强化客户与企业联结纽带的同时，促进营销能力培育机制的落实。

8.3.4　促进组织的国际协同与合作

促进组织之间的国际协同和合作，提高资源配置的合理性，在建立合理的价值网链过程中，培育海洋渔业企业的营销能力水平。在全球价值网链构建过程中，组织之间的国际协同与合作，可以使企业取长补短，促进共同发展。在这个过程中，也使资源从效率低的企业流向效率高的企业，资源配置效率大大提高，价值产出水平也得以提高。因此，中国海洋渔业企业在全球价值网链下实施营销能力的培育机制，就必须寻找国际间的协同与合作机会，促进价值形成过程的价值增值和价值实现，提高服务市场的能力，更好地融入全球价值网链。

　　总之，全球价值网链下中国海洋渔业企业营销能力培育机制的落实，需要组织自身的重视和投入，也需要发挥国际间组织协同合作机制的积极作用。只有这样，中国海洋渔业企业才能成为全球价值网链中不可或缺的价值创造环节，不断提高自身的营销能力，并在国际市场上占据应有的位置。

参 考 文 献

［1］［美］阿尔文·E·罗斯：《经济学中的实验室实验之六种观点》，中国人民大学出版社 2013 年版。

［2］陈钦兰、郑向敏：《营销能力的类型与关系研究》，载《中国市场》2010 年第 4 期。

［3］崔迅：《价值营销与企业价值经营战略》，中国高等院校市场学研究会 2005 年 8 月。

［4］邓之宏、秦军昌、钟利红：《中国 C2C 交易市场电子服务质量对顾客忠诚的影响——以顾客满意和顾客价值为中介变量》，载《北京工商大学学报》2013 年第 2 期。

［5］董大海：《基于顾客价值构建竞争优势的理论与方法研究》，大连理工大学 2003 年（博士论文）。

［6］杜杰：《创新价值的会计与财务》，机械工业出版社 2006 年版。

［7］韩德昌、韩永强：《营销能力理论研究进展评析及未来趋势展望》，载《外国经济与管理》2010 年第 1 期。

［8］花昭红：《商业银行服务的顾客核心价值及提供模式分析》，载《商业经济》2011 年第 8 期（下）。

［9］花昭红：《顾客视角的动态顾客价值理论与实践》，经济科学出版社 2010 年版。

［10］花昭红：《关于新农村建设中农业品牌的培育与推广分析》，山东省市场学研究会 2013 年 8 月。

［11］焦晓波：《营销能力理论研究动态》，载《贵州财经学院学报》2007 年第 6 期。

［12］李巍：《营销能力与创新绩效关系研究的综述与启示》，载《科技管理研究》2015 年第 5 期。

［13］李巍、王志章：《营销能力对企业市场战略与经营绩效的影响研究——基于成渝地区民营企业的实证数据》，载《软科学》2011 年第 1 期。

［14］李大元、项保华、陈应龙：《企业动态能力及其功效：环境不确定性

的影响》，载《南开管理评论》2009 年第 12 期。

[15]［澳］理查德·沃特森：《未来 50 年大趋势：我们将身处一个怎样的世界》，张庆译，京华出版社 2008 年版。

[16] 刘玉来、张襄英：《企业营销能力研究评述》，载《河南社会科学》2005 年第 2 期。

[17]［美］罗杰·莫林、谢丽·杰瑞尔：《公司价值》，张平淡、徐嘉勇译，经济管理出版社 2002 年版。

[18]［美］迈克尔·A·希特、R·杜安·爱尔兰、罗伯特·霍斯基森：《战略管理：竞争与全球化》，机械工业出版社 2003 年版。

[19]［美］迈克尔·波特：《竞争优势》，华夏出版社 1998 年版。

[20] 彭艳君：《企业—顾客价值共创过程中顾客参与管理研究的理论框架》，载《中国流通经济》2014 年第 8 期。

[21] 乔治·S·达伊：《市场驱动型组织》，机械工业出版社 2001 年版。

[22]［美］乔纳森·加贝：《10 天读懂市场营销》，陈铮译，龙门书局 2013 年版。

[23] 权锡鉴、花昭红：《海洋渔业产业链构建分析》，载《中国海洋大学学报》2013 年第 3 期。

[24] 石军伟：《顾客价值、战略逻辑创新与企业核心竞争力》，载《贵州财经学院学报》2002 年第 3 期。

[25] 宋志娟：《企业营销能力简析》，载《云南财经大学学报》2015 年第 5 期。

[26] 孙艳华：《农产品供应链：垂直协作关系研究》，中央编译出版社 2012 年版。

[27] 唐兵、田留文、曹锦周：《企业并购如何创造价值》，载《管理世界》2012 年第 11 期。

[28] 田溯宁：《基于网络与计算机技术的"客户运营商"》，载《青商》2016 年第 1 期。

[29] 田圣炳：《原产地形象作用机制：一个动态的综合模型》，载《经济管理》2006 年第 1 期。

[30] 屠文淑：《社会心理学理论与应用》，人民出版社 2002 年版。

[31] 王玥琳、沙迎杰：《个人知识管理共享平台的分析与建设》，载《科技情报开发与经济》2011 年第 10 期。

[32] 王辉：《企业利益相关者治理研究——从资本结构到资源结构》，高等教育出版社 2005 年版。

[33] 王微微：《企业营销能力及其测量量表设计》，载《商业时代》2014年第25期。

[34] [英] 维克特·迈耶·斯考恩贝格、肯奈斯·库克（Viktor Mayer – Schönberger，and Kenneth Cukier）：《与大数据同行：学习与教育的未来》，赵中建、张燕南译，华东师范大学出版社2015年版。

[35] 吴晓云、张峰：《关系资源对营销能力的影响机制：顾客导向和创新导向的中介效应》，载《管理评论》2014年第2期。

[36] 吴泗宗、王金庆：《企业持续营销力与企业持续成长关系的实证研究》，载《营销科学学报》2006年第3期。

[37] 伍文珍：《共创价值视角下顾客角色转变及其对企业营销战略的影响》，载《商业研究》2014年第2期。

[38] [日] 武田哲男：《如何提高顾客满意度》，东方出版社2004年版。

[39] 谢慧娟、王国顺：《社会资本、组织学习对物流服务企业动态能力的影响研究》，载《运作管理》2012年第10期。

[40] 徐从春：《中美海洋产业分类比较研究》，载《海洋经济》2011年10月第1卷第5期。

[41] 徐庆瑞、徐静：《嵌入知识共享平台，提升组织创新能力》，载《科学管理研究》2004年第1期。

[42] [美] 亚伯拉罕·马斯洛：《成功人格学》，叶昌德编译，北方妇女儿童出版社2005年版。

[43] [美] 亚伯拉罕·马斯洛：《动机与人格》，许金声等译，中国人民大学出版社2013年版。

[44] 杨永清、张金隆、李楠、杨光：《移动增值服务消费者感知风险前因的实证研究》，载《管理评论》2012年第3期。

[45] 姚德文：《模块化对产业升级的影响机制研究：价值导向与技术撬动》，经济管理出版社2012年版。

[46] 于建原、陈锟、李清政：《营销能力对企业自主创新影响研究》，载《中国工业经济》2007年第7期。

[47] 乐君杰、叶晗：《农民信仰宗教是价值需求还是工具需求》，载《管理世界》2012年第11期。

[48] 约翰·里德尔、约瑟夫·康斯坦：《鼠标宣言——群体筛选的营销能力》，倪萍译，上海人民出版社2002年版。

[49] 张莉：《珍珠产业技术与创新机制研究》，海洋出版社2008年版。

[50] 郑元甲、李建生、张其永、洪万树：《中国重要海洋中上层经济鱼类

生物学研究进程》，载《水产学报》2014 年第 1 期。

［51］周禹、杨黎丽：《苹果：贩卖高科技的美学体验》，机械工业出版社 2013 年版。

［52］Anderson, E. W. , Claes Fornell, and Donald R. Lehmann：Customer Satisfaction, Market Share, and Profitability：Findings From Sweden. *Journal of Marketing*, Vol. 58, July 1994, pp. 53 – 66.

［53］Anderson, James A. and Narus, James A. ：Capturing the Value of Supplementary Services. *Harvard Business Review*, January – February 1995, pp. 75 – 86.

［54］Anderson, J. A. and Narus J. A. ：Business Marketing：Understand What Customers Value. *Harvard Business Review*, Vol. 76 No. 6, 1998, pp. 53 – 65.

［55］Art Weinstein and Hilton Barrett, The Value Creation in the Business Curriculum：A Tale of Two Courses. *Journal of Education for Business*, Vol. 19, No. 2, July/August 2007, pp. 329 – 335.

［56］Bund Henry, The Changing Role of Marketing Function. *Journal of Marketing (Pre – 1986)*, Vol. 21, 1956, P. 268.

［57］Bruni D. S. and Verona G. , Dynamic marketing capabilities in science-based firms：An exploratory investigation of the pharmaceutical industry. *British Journal of Management*, 2009, 20 (Supplement 1), pp. 101 – 117.

［58］Bitner Mary J. and Stephen W. Brown, The Service Imperative. *Business Horizons*, Jan. 2008, pp. 39 – 46.

［59］Burnham, T. A. , Frels, J. K. and Mahajan V. ：Consumer Switching Costs：A Typology, Antecedents, and Consequences. *Journal of Academy of Marketing Science*, Vol. 31 No. 2, 2003, pp. 109 – 126.

［60］Carson D. and Gilmore A. , European Journal of Marketing：Effective marketing training provision for SME executives. *Marketing Intelligence and Planning*, Vol. 11, No. 6, 1993, pp. 5 – 7.

［61］Christian Dussart, Transformative Power of e – Business Over Consumer Brands. *European Management Journal*, Vol. 19, No. 6, December 2001, pp. 629 – 637.

［62］Day, Ellen, Crask, and Melvin R. ：Value Assessment：The Antecedent of Customer Satisfaction. *Journal of Consumer Research*, Vol. 13, 2000, pp. 52 – 60.

［63］Day G. S. ：The Capabilities of Market – Driven Orientations. *Journal of Marketing*, Vol. 58, No. 10, 1994, pp. 37 – 52.

［64］Eric Boyd, Rajesh K. Chandy, and Marcus JR, When Do Chief Marketing

Offices Affect Firm Value – A Customer Power Explanation. American Marketing Association, December 2010.

[65] Flint, D. J., Woodruff, R. B. and Gardial, S. F. : Exploring the Phenomenon of customers' desired value change in business-to business context. *Journal of Marketing*, Vol. 66, October 2002, pp. 102 – 117.

[66] Frederick F. Reichheld. : Lead to Loyalty. *Harvard Business Review*, July – August 2001, pp. 76 – 84.

[67] Fornell, C. A. , A National Customer Satisfaction Barometer: the Swedish Experience. *Journal of Marketing*, Vol. 56, January 1992, pp. 6 – 21.

[68] Fang Eric (Er), and Zou Shaoming, Antecedents and consequences of marketing dynamic capabilities in international joint ventures. *Journal of International Business Studies*, Vol. 40, No. 5, 2009, pp. 742 – 761.

[69] Heinonen K. , et al. A customer-dominant logic of service. *Journal of Service Management*, Vol. 21, No. 4, 2010, pp. 531 – 548.

[70] Hoyer W. D. , Chandy R. , Dorotic M. , et al, Consumer Co-creation in New Product Development. *Journal of Service Research*, Vol. 13, 2010, pp. 283 – 296.

[71] Jacquelyn S. Thomas, Werner Reinartz, and V. Kumar. : Getting the Most Out of All Your Customers. *Harvard Business Review*, July – August 2004, pp. 117 – 123.

[72] Jakson, B. B. : Build Customer Relationship That Last. *Harvard Business Review* Nov. – Dec. 1985, pp. 120 – 128.

[73] Jo Bramham and Bart Maccarthy. : The demand driven chain. *IEE Manufacturing Engineer*, May – June 2004, pp. 31 – 33.

[74] Jones, M. A. , Motherbaugh, D. L. and Beatty, S. E. : Why customers stay: measuring the underlying dimensions of services switching costs and managing their differential strategic outcomes. *Journal of Business Research*, Vol. 55, No. 6, 2002, pp. 441 – 455.

[75] Knight G. A. and Dalgic, T. , Market orientation, marketing competence and international company performance. Paper presented at the Summer American Marketing Association Conference, 2000.

[76] Kotler Philip, *Marketing Management*, New York: Prentice Hall, 1994, pp. 30 – 48.

[77] Krista M. Donaldson, Kosuke Ishii, and Sheri D. Sheppard, Customer Value Chain Analysis. *Research in Engineering Design*. Vol. 16, No. 10, 2006, pp. 174 –

183.

[78] Lauterborn Robert F. , New Marketing Litany: Four P's Passes; C-words Take Over. *Advertising Age*. Vol. 61, No. 41, 1990, P. 20.

[79] Liu, Annie H. : Customer Value and Switch Cost in Business Services: Developing Exist Barriers Through Strategic Value Management. *Journal of Business and Industrial Marketing*. Vol. 21, No. 1, 2006, pp. 30 – 37.

[80] Liu, Annie H. , Leach, M. P. and Bernhardt, K. L. : Examining customer value perceptions of organizational buyers when sourcing from multiple vendors. *Journal of Business research*, Vol. 58 No. 5, 2005, pp. 559 – 568.

[81] Lusch Robert F. and Stephen L. Vargo, Service Dominant Logic: Reactions, Reflections, and Refinements. *Marketing Theory*, March 2006, pp. 281 – 288.

[82] McCathy E. Jerrone, *Basic Marketing: A Managerial Approach*. Homewood, Illinois: Richard D. Irwin Inc, 1960, pp. 122 – 138.

[83] Möller K. and Anttila, M. , Marketing Capabities—A key success factor in small business. *Journal of Marketing Management*, Vol. 3, No. 2, 1987, pp. 185 – 203.

[84] Morris, T. , *Customer Relationship Management*, CMA, Hamilton, September 1994, pp. 65 – 98.

[85] Malhotra N. K. et al, Dimensions of Science Quality in Developed and Developing Economies: Multi – Country Cross-cultural Comparisons. *International Marketing Review*, March 2005, pp. 256 – 278.

[86] Narasimhan O. , Rajiv S. and Dutta S. , Absorptive capacity in high-technology markets: The competitive advantage of the haves. *Marketing Science*, Vol. 25, No. 5, 2006, pp. 510 – 521.

[87] Parasuraman, A. , Reflections on Gaining competitive advantage through customer value. *Journal of Academy of Marketing Science*, vol. 25 No. 2, 1997, pp. 154 – 161.

[88] Porter M. E. , *Competitive Strategy*. New York: Free Press, 1980, pp. 98 – 126.

[89] Porter, M. E. , *Competitive Advantage*. New York: Free Press, New York, 1985, pp. 36 – 58.

[90] Prahalad C. K. and VenkatRamaswamy, Co – Creating Experiences: The Next Practice in Value Creation. *Journal of International Marketing*, March 2004, pp. 5 – 14.

[91] Prahalad C. K. , VenkatRamaswamy. Co – Opting Customer Competence. *Harvard Business Review*, Jan. – Feb. 2000, pp. 79 – 87.

[92] Payne Adrian F. , Kaj Storbacka and Pennie Frow. , Managing the Co – Creation of Value. *Journal of Academy of Marketing Science*, Jan. 2008, pp. 83 – 96.

[93] Prahalad C. K. and Venkat Ramaswamy, Co-creation experiences: The next practice in value creation. *Journal of Interactive Marketing*, March 2004, pp. 5 – 14.

[94] Reichheld, F. F. , Learning from customer defections. *Harvard Business Review*, Vol. 74 No. 2, 1996, pp. 56 – 69.

[95] Reichheld Fredrick F. and W. Earl Sasser, Zero Defections: Quality Comes to Services. *Harvard Business Review*, Vol. 68, September/October 1990, pp. 105 – 111.

[96] Richard W. Buchanan,: *When Customers Think We Don't Care*. Australia: McGraw – Hill Australia Pty Ltd. , 2002, pp. 89 – 96.

[97] Ryan R. Mullins and Michael Ahearne, Know Your Customer: How Salesperson Perceptions of Customer Relationship Quality Form and Influence Account Profitability. *Journal of Marketing*, Vol. 78, No. 2, November 2014, pp. 38 – 58.

[98] Slater S. F. and Narver J. , Customer-led and market oriented: let's not confused the two, *Strategic Management Journal*, Vol. 19, 1998, pp. 1001 – 1006.

[99] Srivastava R. K. , Shervani T. A. and Fahey L. , Marketing, business processes, and shareholder value: An organizationally embedded view of marketing activities and the discipline of marketing. *Journal of Marketing*, 1999, 63 (Special Issue), pp. 168 – 179.

[100] Song M. , Droge C. and Hanvanich S. , Marketing and technology resource complementary: An analysis of their interaction effect in two environmental contexts. *Strategic Management Journal*, Vol. 26, No. 2, 2005, pp. 259 – 276.

[101] Stephen Brown. , Torment Your Customers (They'll Love It). *Harvard Business Review*, September – October 2001, pp. 83 – 88.

[102] Ulaga Wolfgang, Capturing value creation in business relationship: A customer perspective. *Industrial Marketing Management*, August 2003, pp. 677 – 693.

[103] Ulaga W. , Customer Value in Business Markets: An Agenda for Inquiry. *Industrial Marketing Management*, Vol. 30, Issue 4, May 2001, pp. 315 – 319.

[104] Ulaga, W. and Chacour, S. , Measuring Customer-perceived Value in Business Markets: A Prerequisite for Marketing Strategy Development and Implementation. *Industrial Marketing Management*, Vol. 30 No. 6, 2001, pp. 525 – 540.

[105] Vorhies, Morgan, 2005; O' Cass, Weeraw, 2009.

[106] Vargo S. T. and Lusch R. F. , Evolving to a new dominant logic for marketing. *Journal of Marketing*, Vol. 68, 2004, pp. 1 – 17.

[107] Wayne S Desarbo, Michael Song, Anthony Di Benedetto, and Indrajit Sinha, Revising the Miles and Snow Strategic Framework: Uncovering Interrelationships between Strategic Types, Capabilities, Environmental Uncertainty, and Firm Performance. *Strategy Management Journal*, Vol. 26, 2005, pp. 47 – 74.

[108] Woodruff R. B. , Customer Value: The next source for competitive value. *Academy of Marketing Science*, Vol. 25, No. 2, 1997, pp. 139 – 153.

[109] Wu zhihong and Wang qingjun, The Research on Influence Factors of Customer Loyalty in C2C Mode. International Conference on Mechatronics, Control and Electronic Engineering, (MCE) 2014.

[110] Zeithaml V. A. , Consumer perceptions of price, quality, and value: A means-end model and synthesis of evidence. *Journal of Marketing*, Vol. 52, No. 3, 1988, pp. 2 – 22.

后　记

经过对顾客价值理论五年多的思考和积累，我的第二部专著《基于价值形成过程的海洋渔业企业营销能力培育研究》终于画上了圆满的句号。相对于2010年出版的《顾客视角的动态顾客价值理论与实践》，本书在思想理论方面的不同之处主要体现在以下几个方面：

第一，研究视角从对立转变为统一。以美国为代表的营销领域中关于价值理论研究，形成了不同的研究视角和理论流派：顾客视角的顾客价值理论研究，关注的是顾客从所购买的产品或服务中获得的利益与付出的成本之间的权衡；企业视角的顾客资产研究，把顾客作为企业的一种特殊资产进行运营，考虑顾客对企业的终身贡献；企业－顾客双向视角的顾客价值理论研究，主要研究企业与顾客关系存续期间内，通过产品或服务的交易给企业、顾客分别带来的利益和好处。三种视角的顾客价值理论研究存在明显的优缺点，其优点是：以产品或服务为价值载体，能够分别考察企业所获得的顾客资产总量、顾客获得的各种利益综合以及企业－顾客关系所产生的关系价值，明确各方所追求的目标；其缺点是：过于强调某一个视角的价值理论，容易造成理论体系的割裂，不利于系统、全面地分析问题。基于此，本书对价值理论的探讨，采用"共创价值"这一理论框架，企业与顾客自始至终都以各自的方式参与到价值形成过程中，强调企业价值和顾客价值是无法分割的，价值的形成具有统一性。因此，研究海洋渔业企业营销能力的培育问题，首先要考察营销能力培育的价值基础，必须抓住"价值交换"这一营销的本质，进而考察在价值形成过程中，企业和顾客是如何共同协调参与，并如何使得营销能力逐渐培育并得以巩固的。这样，我们的研究从统一视角入手，更便于综合考察各方在价值形成过程中的作用，发现基于价值形成过程的营销能力培育的规律性东西。

第二，研究的内容始终以"价值交换"这一营销本质为核心。营销能力从本质上看，就是促成价值形成和交换的能力。海洋渔业企业的营销能力，一般通过企业在市场上的销售额、利润率、市场占有率等指标表现反映出来，直接表现为产品或服务的市场可接受程度。但是，产品或服务能否被市场所接受，不仅取决于企业的行为，通过销售额、利润率、市场占有率等统计数据来体现，在很大程度上还取决于以产品或服务为载体的价值能否满足顾客需求，并以顾客的心理评价和最终的市场行为反映出来。在前期的研究中，强调顾客价值（顾客视角的价值）的重要性，将顾客对产品或服务为自己带来的价值和满足感作为企业成功经营的前提和必要条件。实际上，顾客能否在实际购买消费中实现预期价值，决定着顾客对产品或服务的接受程度，而顾客对产品或服务的可接受程度，又决定着企业价值能否实现，关系企业的生存发展。如果顾客预期价值对企业而言，缺乏市场化的机会和条件，那么企业不可能不顾经济效益而进行盲目的产品开发和生产。只有在顾客预期价值符合企业的利益，并能够以经济的方式将顾客的预期价值附加于特定的产品和服务，顾客价值及其企业价值才能同时实现。可见，本书是以企业与顾客"价值交换"能够实现的条件下，研究海洋渔业企业营销能力的培育与提升问题。尽管顾客在价值交换过程中发挥重大作用，并且在电子商务活动中占据举足轻重的地位，但是，使用并调动资源投入、促进价值形成和交换还取决于企业在这一过程中的行为。

　　第三，关于价值形成过程理论的讨论所涉及的范围更广，基于价值形成过程的营销能力培育也有了更广泛的基础。前期讨论顾客价值理论时，关注的是顾客价值随着时间的推移、消费场景的变化、地区及文化差异等而出现的变化，并提出了"动态顾客价值"的概念。在本书的研究中，我们认为：（1）价值是逐渐形成的累积过程，本身处于不断变化中，因此"动态性"是其根本属性。（2）价值的形成过程涉及不同层面和不同因素的影响。在温斯坦与巴雷特（2007）提出的"顾客价值漏斗"理论中，非常系统地分析了价值形成过程的层次及主要内容：宏观层面的价值形成主要受到社会文化、经济发展水平、政治法律政策、自然地理条件、技术环境等因素的制约，主要规定价值的社会性特点；产业层面的价值形成过程主要受到利益相关者利益分配格局的影响，而产业链和价值链决定了产业的利益分配格局，企业在利益分配格局中的地位和作用不同，其价值形成过程及实现程度具有差异性；企业层面的价值形成过程受到股东、企业文化、组织结构、企业战略及员工等因素的影响，规定了价值形成的方向及主要内容；顾客层面的价值形成过程，是顾客对企业创造及传递的价值的感知和接受程度，顾客所感知并接受的价值越多，顾客价值越高，企业价值的实现程度也越高。在我们的研究中认为，价值形成过程确实受到不同层面因素的影响和制约。但是，在顾客层面的价值形成过程中，顾客不仅仅是价值的感知者和被动接受者，同时也是价值形成过程的积极参与者。可见，价值形成过程跨越了企业的边界，也跨越了国与国之间的边界，价值形成过程不仅要考虑从宏观到微观的价值形成路径，而且也要反向思维，考虑顾客对价值形成的影响和参与程度。这也是"共创价值模式"下，对价值形成过程全面考察的必然趋势。（3）基于价值形成过程的营销能力培育，不仅仅是在企业内部挖掘资源潜力，而是在全产业、全国，甚至是全球范围内寻找并实现资源的有效配置，为营销能力的培育奠定坚实的基础。不管是发展中国家还是发达国家，海洋渔业产业都有其共同性，因此，基于价值形成过程的营销能力培育，不仅要对企业内部资源进行挖潜，也要从更大的范围内考虑资源的使用和整合。

企业营销能力培育理论的研究是最近几年的理论热点之一。从价值形成过程来研究如何培育营销能力，是一个崭新的问题。作为尝试性研究，本书的局限性主要在于几个方面：（1）价值形成过程的不同阶段，对海洋渔业企业营销能力培育的影响程度难以界定。例如，我们在分析中认为，价值定位阶段规定了海洋渔业企业营销能力培育方向，但是，哪一种价值定位规定的营销能力培育方向是合理的，是有利于企业发展的，事前是难以预测的。价值创造和形成过程则是企业营销能力培育的关键时期，决定了企业营销能力的强弱，但是，如何使价值创造和形成过程与企业需要的营销能力培育相吻合，凭企业一己之力也是难以控制的。价值交付及传递阶段决定营销能力的关键指标能否实现，直接决定海洋渔业企业在市场上的影响力，而对促进价值顺利交付和传递的因素的管理也是一个难题。所以，如何就价值形成过程的内在机理来促进海洋渔业企业的营销能力培育，是需要不断探索的问题。（2）没有构建完整的营销能力测量指标，缺乏对基于价值形成过程的海洋渔业企业营销能力的定量研究，也使得相应的理论体系不完整。目前营销能力的测量指标，主要还是采用传统的反映企业财务绩效的市场占有率、销售额、利润率、资产收益率等指标，这些指标可以直观地反映企业在市场上的表现。但是，在市场总量增长的前提下，尽管财务指标可能标明企业处于增长过程中，而相对于快速增长的市场总量而言，企业实际上可能停步不前，甚至陷于缓慢衰退的境地。因此，建立新的营销能力测量指标，对海洋渔业企业基于价值形成过程的营销能力进行全面衡量和检测，才能真正反映企业的市场地位和影响力。由于时间及精力限制，本书没有进行相应的定量研究，这也使得我们的一些研究结论还需要进行深入探讨，并在后期工作中进一步进行验证。

本书尽管从新的角度对基于价值形成过程的海洋渔业企业营销能力培育进行了系统分析，并得出来相应的研究结论；但是，由于研究时间比较短，研究深度还有待加强，所得到的结论还需要实证研究的验证。在后续工作中，笔者将继续探索基于价值形成过程的海洋渔业企业营销能力培育理论架构的合理性，并准备对选择的案例企业进行跟踪研究，在夯实基础理论研究的同时，进一步提高理论的科学性和实践指导的针对性。考虑到以上局限性和不足之处，今后的科研工作主要从以下几个方面展开：

（1）如何根据价值形成过程的内在机理，来进行海洋渔业企业的产业链整合和重构，以提高海洋渔业企业营销能力水平。在新的市场环境下，研究的重点是：如何根据价值形成过程的不同阶段及其特点，来采取相应的措施进行产业链整合或者重新构建，以促进海洋渔业产业结构升级，使得供给端与需求端更好地衔接一致，并保证企业营销能力的培育和提高。在这一研究中，产业链的不同环节和价值形成过程的不同阶段如何协调是关键，特别是一些操作细节问题，如：价值界定通过产业链的哪些环节实现；价值的创造和形成在产业链的原料与原材料采购、生产经营、市场营销、售后服务等环节是如何逐渐形成的，对海洋渔业企业的营销能力培育的直接及间接影响是什么；产业链如何保证价值的传递和实现；等等。这些细节问题都是今后我们要继续探讨的重点。

（2）从价值形成过程来考核营销绩效，建立完善的营销能力考核指标。现有的财务指标主要考核海洋渔业企业已经发生的市场经营活动情况，是过去一段时间经营状况的外在反应。现在通用的财务考核指标的缺陷是：在反映企业线性增长的情况下，却无法客观反映企业在发展变化市场上的实际增长情况。在市场总规模不变的情况下，财务指标的增长往往意味着企业市场经营状况的改善；但是，在市场规模不断扩大的情况下，财务指标的增长却不一定能够反映出一个企业经营状况是改善还是恶化。所以，采用完善的营销绩效考核指标体系是企业应对环境变化的必然选择，也是客观反映企业实际经营状况的有效途径。今后关注的重点是：完善的营销绩效考核指标体系应该具体包括哪些不同层次的指标；价值形成过程的不同阶段，如何设立营销绩效考核指标，营销绩效考核的内容和步骤分别是什么，等等。

（3）跟踪典型企业，进行基于价值形成过程的海洋渔业企业营销能力实证研究。我们的研究中认为，产品或服务是价值的载体，价值具有基本的构成要素，海洋渔业企业的营销能力培育都是基于价值形成过程。但是，关于不同价值形成过程对不同的营销能力培育的贡献度，现在只是一种理论探讨，缺乏相应的数据支持和理论说服力。例如，我们认为，在服务市场的能力、适应市场变化的能力、品牌培育与推广能力及学习与创新能力中，包括功能性价值、心理性价值、社会性价值以及经济性价值在内的价值形成过程是前提和基础。但是，考虑到不同的目标顾客及其需求，我们需要继续分析价值要素与营销能力培育的相关性，同时，不同价值要素的形成过程对不同营销能力培育的贡献程度是有差异性的，但差异程度是多少却是未知的，值得进行实证研究。另外，共创价值条件下，对于不同的产品或服务而言，企业与顾客在营销能力培育中的影响力分别有多大，也是值得探索的。因此，如果能够跟踪典型海洋渔业企业收集数据，进行后续研究，不仅可以对我们的研究结论进行验证，而且可以进一步发现基于价值形成过程的营销能力培育新途径。

（4）本书是以"共创价值"作为研究的理论出发点，认为企业与顾客共同参与到价值创造过程，并在营销能力培育分别发挥不同的影响力。同样是海洋渔业企业，产品、服务不同，企业与顾客的影响力是不一样的，因为，企业与顾客的互动方式存在差异性，价值共创内容也不可能完全相同，怎样才能保证企业、顾客价值共创内容的一致性，并相应促进营销能力的培育，是今后需要深入探索的问题之一。

价值问题是人类永恒的话题，自有人类以来，价值问题就令人迷醉。在营销领域中，笔者研究基于价值形成过程的海洋渔业企业营销能力培育问题，也需要持之以恒的努力和探索，才有可能更接近真理。

致　　谢

在本书顺利完成之际，本人向帮助过我、支持过我的所有人表示最诚挚的谢意！

感谢中国海洋大学管理学院的权锡鉴院长。权院长在学术领域的建树令人仰止，他也是我最敬佩的师者和长者，他的学术思想和观点总是给我很大的启发，他的帮助和支持使得我在艰辛的科研之路上一直能够坚持走下去。感谢营销与电子商务系的崔讯主任和各位同事们。我们一起陪伴着海大营销与电子商务系成长，也见证了营销与电子商务系所经历的风风雨雨。我热爱我所在的这个集体，我也希望通过我们每一个人的努力，营销与电子商务系的明天会更加美好！

感谢一直关注我成长的山东大学胡正明教授。尽管离开山大多年，但是来自母校的支持和关爱鼓舞我一路前行。感谢我在美国南佛罗里达大学（USF）做高级访问学者时的导师——STAMP 教授。在 USF 学习期间，她在学习、科研工作、生活方面为我提供了帮助；我们每一次对研究问题的讨论，不仅使我扩展了研究思路和视野，也为我目前的研究奠定了基础。感谢 USF 营销系的老师们在课堂上的精彩演讲；也感谢 USF 图书馆不知名的工作人员为我的资料收集提供了便利。感谢远在美国的老朋友秦希贞女士。她在科研资料收集、研究方向等方面为我提供了巨大的帮助。

感谢我的各届研究生们。特别感谢我的研究生韩庆同学在书稿校对中所做的一切工作。与他们共处的日子里，我学到了很多，在相互交流中，我真正体会到教学相长、相得益彰的乐趣。也感谢我的历届本科学友们，你们的活跃思维与奇思妙想，也不断启发我对一些问题的深入思考。

感谢我一直勤恳努力着的父母。我的父母已经年逾八旬，却一直勤勤恳恳耕耘在他们所热爱的土地上，克勤克俭，自食其力。父母对待生活的态度一直深深影响着我，他们是我永远的榜样。父母教育我：不管环境怎样变化，凡事要尽力而为，力求精益求精。感谢我的兄弟姐妹们，你们的陪伴让我感到生活的温暖。

感谢我的丈夫和我的女儿，在我的生活和工作中，你们永远都是我最强大的后盾！

感谢那些不知名的研究者们。限于时间和精力，我无法一一列出所有对我的研究有所启发的研究者们。但是，正是因为他们的开创性研究，才成就了本书的出版。

感谢经济科学出版社的王娟编辑。她在本书成书过程中的指导和帮助，才使得本书顺利出版。同时，也感谢所有为本书出版而付出辛勤汗水的工作人员。

心中有爱，人生如歌。愿对生活和工作的热爱，能够支持我走得更远！

花昭红

2016 年 10 月 1 日